關於禪的100個故事

100 Stories of Zen

活佛確真降措仁波切、堪布土丹尼瑪仁波切◎審訂

一花一世界，一葉一菩提

昔日，佛陀在靈山會上說法。世尊手持一朵鮮花，面對大家，不發一語。法座下的聽眾一個個面面相覷，不知所以，只有迦葉尊者會心一笑。佛陀看到後高興地說：「吾有正法眼藏，涅槃妙心，實相無實相，微妙法門，不立文字，教外別傳，付囑摩訶迦葉。」於是，禪便在一朵花和一個微笑之間誕生了。

在中國的南北朝時代，禪宗二十八祖達摩一葦渡江，卓錫少林，將探究人生命意義的極高智慧和悟道的精髓傳到了中土。經過二祖慧可、三祖僧璨、四祖道信、五祖弘忍、六祖慧能的大力弘揚下，終於一花五葉，盛開秘苑，成為中國佛教最大的宗門。禪的故事也因此流傳開來。

「禪」是什麼？青原禪師說，禪就是我們的「心」。這個心不是分別意識的心，而是心靈深處的那顆「真心」。這顆真心超越一切有形的存在，卻又包涵於宇宙萬有之中。即使是看似平淡無奇的日常生活，也處處充滿了禪機。宋朝的慧海禪師說：「青青翠竹，總是法身；鬱鬱黃花，無非般若。」可見禪不是什麼神秘的東西，它是離不開生活的，所以我們人人都可以談禪。禪，是智能，是幽默，是真心，是你我的本來面目。所以說，關於禪的故事也就是關於心靈的故事。

置身於迷惘的都市，如果有緣走進這些心靈的故事，你會發現，禪如同清風甘泉，滋潤了我們心靈的荒漠；又如同當頭棒喝，讓我們時刻保持著清醒。如果你想獲取打開心靈解脫之門的那把金鑰匙，尋覓到心中失去的樂園，就讓我們在朝陽初升的清晨、在片刻休憩的午後、在彩霞滿天的黃昏、在萬籟俱寂的深夜，打開這本書來感知心靈的寧靜吧！

本書用100則關於禪的經典故事，並搭配精美的插圖來講述禪的奧妙，讓讀者在輕鬆自然的享受中領悟禪獨特的思想魅力。在本書編錄的過程中，主要參考了《五燈會元》、《景德傳燈錄》、《無門關》、《碧巖錄》、《星雲文集》以及《金剛經》、《壇經》講記中列舉的公案。將其中的一些傳奇、軼事、寓言故事進行精心篩選，羅列一書，以饗讀者。

本書的每一則故事都闡明了禪的事理，淺近的文字中深含奧義。於理，或淋漓闡發，或緘默而不宣；於事，或描述細膩生動，或概括簡潔而精粹。皆朗朗可讀，妙趣橫生。讀者若是能在閱讀中會心一笑，或是在掩卷後默默沉思，也算是成就了我們的一份功德。

第三章
行雲流水話禪心　73

目錄

第四章
禪，即是生活　235

第五章
參透生死始成佛　263

般若波羅蜜多心經

觀自在菩薩行深般若波羅蜜多時照見
五蘊皆空度一切苦厄舍利子色不異空
空不異色色即是空空即是色受想行識亦復如是舍利
子是諸法空相不生不滅不垢不淨不增不減是故空中
無色無受想行識無眼耳鼻舌身意無色聲香味觸法無
眼界乃至無意識界無無明亦無無明盡乃至無
老死亦無老死盡無苦集滅道
無智亦無得以無所得故
菩提薩埵依般若
波羅蜜多故心無罣礙
無罣礙故無有恐怖
遠離顛倒夢想究竟涅槃三世
諸佛依般若波羅蜜多故得阿
耨多羅三藐三菩提故知般若波羅蜜多是
大明咒是無上咒是無等等咒能除一切苦真實不虛
故說般若波羅蜜多咒即說咒曰揭諦揭諦
波羅揭諦波羅僧揭諦菩提薩婆訶

地藏閣恭繪

第一章

禪者的棒喝

一語喝退五百僧

有時一喝如金剛王寶劍，有時一喝如踞地金毛獅子；有時一喝如探竿影草，有時一喝不作一喝用。

——《臨濟錄》

徑山禪師自弘法以來，門下聚集五百學僧，但大多數都散漫放逸，不肯用心參學。

一次，黃檗禪師叫臨濟到徑山禪師那兒去，在臨濟出發之前，黃檗禪師問他說：「你到徑山禪師那裡該如何應付？」

臨濟回答道：「老師放心，我自有辦法。」

臨濟到達之後，不顧徑山禪師正在講法，逕自闖進了法堂。還沒等徑山禪師抬起頭來，臨濟就對著他大喝一聲；徑山禪師剛要開口講話，臨濟掉頭就走。

有一個學僧很不理解地問徑山禪師道：「剛才那位禪師為何如此無禮，怎麼敢對師父大聲吼叫呢？」

徑山禪師答道：「他是黃檗禪師門下的弟子，如果你想知道為什麼，何不自己去問他？」

學僧說：「弟子不知如何問？」

徑山禪師說：「難道你們連大喝一聲都不會嗎？」

學僧說：「這有何難，不就是伸長脖子嚷一聲嗎？」

徑山禪師隨即大喝一聲，之後問道：「這一喝，是什麼意思？」

眾學僧面面相覷，茫然不知如何應對。

徑山禪師生氣的說：「這是佛門獅子吼！上通天堂，下達地府，豎窮三際，橫遍十方，你們這些平日裡懶散慣了的學人，怎麼會懂得這些！」

學僧們一個個羞得面紅耳赤。

徑山禪師平復了一下情緒，長嘆一聲說：「你們還是各尋出路去吧，別在這裡虛度光陰了！」

禪師說完，疲憊地揮了揮手，頹然坐在那裡，彷彿一下子衰老了十年。

頃刻之間，學僧散去大半……

　　臨濟大喝一聲，禪露機鋒，或棒打，或口喝，一改過去的平和。其實無論採取哪一種方式，都是為了促使參禪者返心、猛醒，以便在「山窮水盡」之外，頓見「柳暗花明」。

　　徑山禪師也是一位證悟很高的大德，經臨濟禪師猛然一喝，如醍醐灌頂，隨即明白禪者教導後學契理容易，契機實難，故此自己也大喝一聲，遣散十方學僧，讓他們各自去尋找機緣。自古以來，所謂大德者，風格雖各有不同，但絕不會蒙混學者。

臨濟喝

臨濟義玄禪師是臨濟宗的祖師，他早年在黃檗禪師門下習禪，因此承襲了黃檗禪師嚴峻的禪風。臨濟禪師常以大聲喝斥接引弟子，故世人稱之「臨濟喝」，以彰顯他獨特的禪教方式。

打是情，罵是愛

「轟轟烈烈似雷霆，棒喝交馳不暫停，迫得頂門開正眼，相逢原是本來人。」

—近代・圓瑛法師

洪州的黃檗希運禪師是百丈懷海禪師的法嗣，長得相貌奇特，迥異常人，額間隆起如肉珠，音辭朗潤，志意沖澹，倜儻不羈，人莫能測。後因人啟發，往江西參馬祖道一。當時道一禪師已經圓寂，黃檗禪師只好轉而遊學京師，在途中遇一老婦指示，前往洪州禮拜百丈懷海，得到懷海的印可，並說他有超師之見。

有一次，他來到寺院的廚房，看到負責煮飯的典座就嚴肅地問道：「你正在做什麼呢？」

典座道：「我正在盛米給禪僧們做飯。」

黃檗問：「每天大約需要多少米？」

典座道：「每天三頓飯大約吃兩石半吧！」

黃檗問：「是不是吃得太多了些？」

典座道：「哪裡，我還擔心不夠大家吃呢！」

黃檗一聽典座這麼說，舉手就賞了他兩個耳光。

典座心裡委屈就去向臨濟禪師傾訴。

臨濟禪師聽完典座的話很是氣憤，他覺得典座的回答，並沒有什麼罪過，黃檗憑什麼要動手打人呢？他勸慰典座一番，並說：「我一定替你問一問這個老和尚，和他講講理！」

出乎臨濟禪師預料的是，他剛到黃檗禪師這裡，還沒等他開口黃檗禪師就先提起這事來。

臨濟禪師和顏悅色地說：「典座因為不明白為什麼挨老師打，所以才託我替他問您一聲。」

黃檗禪師一臉嚴肅地說道：「你是為他討公道來的？」

臨濟禪師有些不服氣地說：「難道他擔心不夠吃不行嗎？」

黃檗禪師堅定的說：「為什麼不答『明天還要吃一頓』呢？」

臨濟禪師聽後，氣呼呼地舉起了拳頭，大聲說道：「說什麼明天，現在立刻就要吃！」說罷，他的拳頭就順勢揮舞過來。

黃檗禪師挺身站立，伸手擋住臨濟的拳頭，高聲責怪道：「你這個瘋和尚，又來這裡拔虎鬚！」

臨濟禪師一邊怒吼著一邊走出僧堂，黃檗禪師卻是滿臉歡喜，不住地說這隻小虎的頭上長角了。

後來針對這件事溈山靈佑禪師問仰山慧寂說：「他們這兩位禪師究竟是在做什麼？」

仰山慧寂道：「老師的用意何在呢？」

溈山靈佑禪師說：「生了孩子然後才明白親情的偉大。」

仰山慧寂道：「我倒不這樣認為。」

溈山靈佑禪師說：「那你又有什麼想法呢？」

仰山慧寂道：「這就好似把小偷帶到自己的家裡，讓他偷自己的東西一樣！」

溈山靈佑禪師聽後哈哈大笑。

黃檗希運禪師是臨濟義玄禪師的老師，弟子打老師，這應視作忤逆，但黃檗卻不以此為忤逆，反過來讚美他的弟子臨濟，俗話說的好：「打是情，罵是愛。」從禪宗接心上來說，這的確是別有一番深意了。

> ### 禪
> 「禪那」的簡稱，梵語dhyana的音譯。也有譯為「棄惡」或「功德叢林」者。其意譯為「思維修」或「靜慮」。它是佛教的一種修持方法，分為祖師禪與佛祖禪。言思維修是依因立名，意指一心思維研修為因，得以定心，故謂之思維修。言靜慮者是依體立名。其禪那之體，寂靜而具審慮之用者，故謂之靜慮。靜即定，慮即慧，定慧均等之妙體曰「禪那」，也就是佛家一般講的參禪。虛靈寧靜，把外緣都摒棄掉，不受其影響；把神收回來，使精神返觀自身即是「禪」。

無位真人在何處

「菩提自性，本來清淨；但用此心，直了成佛。」

—《六祖壇經》

一天，定上座向臨濟禪師詢問佛法大意。

臨濟聽後，立刻下了禪床，擒住定上座的脖子，當頭就是一掌。

定上座直愣愣地站在床前，不知所措。

旁邊的僧人提醒他說：「還不趕快禮拜？」

定上座剛剛禮拜完，便豁然開悟。

直出直入，直來直往，是臨濟宗風。如果在臨濟機下悟得，便可翻天覆地，別有洞天。定上座被臨濟一掌打過，禮拜完畢，便找到了落腳之處。

定上座得悟之後，便不再出世，接人待物全用臨濟機鋒，一輩子受用不盡。

一次，定上座在路上遇見雪峰、岩頭、欽山三位禪師。

岩頭禪師問定上座說：「您是從哪裡來的？」

定上座答道：「我從臨濟院來。」

岩頭隨口又問道：「臨濟大師還好嗎？」

定上座說：「大師已經圓寂了。」

　　三人聽後，感到十分意外，悲傷地說：「我們三人，特地去禮拜和尚，可惜福緣淺薄，和尚寂滅。不知和尚在日，有什麼教誨，請上座舉出一些讓我們聽聽。」

　　定上座說：「臨濟禪師常開示說：『在肉體之中，有一個無位真人，常常在你們的眼、耳、鼻、舌、身、意中出入，沒有發現的人好好看看。』這時有個僧人說：『請問大師，什麼是無位真人？』臨濟便一把將其抓住，大聲說：『快說，快說！』這個僧人想說什麼，臨濟便一把推開他，說：『無位真人，是什麼乾屎蹶！』說完便獨自回方丈去了。」

　　岩頭禪師聽後，不由得伸了伸舌頭。

　　欽山禪師說：「為什麼不稱為非無位真人呢？」

　　定上座突然一把抓住欽山禪師的衣領，向他大吼道：「無位真人和非無位真人有什麼不同？你來說說！」

　　欽山禪師無言以對，臉青一陣、白一陣，羞愧地站在那裡。

　　岩頭禪師和雪峰禪師急忙上前向定上座謝罪，岩頭禪師說：「大師息怒，這個小和尚不識好歹，觸犯了上座，望上座發發慈悲饒了他這一回。」

　　定上座說：「如果不是你們兩位說情，今天我便捏死這個尿床鬼子。」

還有一次，定上座從鎮州齋會上回來，正在橋上歇息之際，迎面來了三個座主。其中一個問道：「請問大師，什麼是禪河深處探到底？」

定上座上前一把將其抓住，不由分說就要將他拋到橋下。

另外兩位座主見狀趕忙求情說：「算了，算了，是他觸犯了上座，望大發慈悲放過他一次。」

定上座說：「如果不是看在兩位座主的面上，我就把他扔到河裡讓他自己『探到底』去。」

定上座滿腹疑情，被臨濟禪師一掌驚醒，從此大機大用，開天關地。欽山禪師才擬議，便被罵作尿床鬼子。無位真人即是不落空間的絕對真人。那真人即是人的佛性。無位真人是超越時空的吾人本來面目，委屈地暫住在我們肉體之中。定上座要打欽山，主要怪他多嘴多舌，無位真人已經難尋難覓，非無位真人，又怎麼證悟呢？那個座主於言句情理上思維，便差一點被扔到河底，著實好險！

禪宗

它是中國佛教最主要的一個宗派。以菩提達摩為中國始祖，故又稱達摩宗；也因自稱得佛心印，又稱為佛心宗。根據初祖達摩大師依《楞伽經》與六祖慧能大師依《金剛經》而創立的宗派。禪宗的產生，也有它的歷史因緣，正所謂「法不孤起，依境方生，道不虛行，遇緣即應。」

有來處，也有去處

今時學佛法者，且要求真正見解。若得真正見解，生死不染，去住自由。不要求殊勝，殊勝自至。

—唐·臨濟義玄禪師

每年的四月十五日至七月十五日，是寺院禁足修行的時期，一般的禪僧不得隨便外出。臨濟禪師在修行的半途，就破禁而出，跑到黃檗山，去找他的老師黃檗希運禪師。

他興致勃勃地來到山上，原本想和師父一同賞玩山水，卻發現黃檗禪師正在佛前誦經，頓時覺得十分掃興，心裡說：「以前我一直以為老師是一個了不起的高僧，今天一見，不過是一個唸經的和尚！由此看來，『盛名之下，其實難副』絕非虛言。」想到此，失望之情溢於言表。

黃檗禪師看了看臨濟禪師拉長的臉，沒有做絲毫的解釋，依舊像往常一樣留臨濟禪師住了下來。臨濟卻認為老師也像一般人那樣以音聲求佛，以身相求佛，心裡甚為不滿，剛住了幾天，就要告假下山。

黃檗禪師問：「你在安居的中途就來到這兒，已經是違犯禁戒了，現在夏安居還沒有結束，你又要到哪裡去？」

臨濟禪師說：「我來此本意只是想向老師請安，做一個短期的參訪，目的既然達到了，我還留在這裡做什麼？」

黃檗禪師聽後，舉手便打，臨濟禪師隨即抱著腦袋逃離了寺院。

臨濟禪師走到半路，心裡覺得這樣勿忙地離去，師父一定會生氣，於是他又返回到黃檗山，請老師繼續打他。

可是黃檗禪師這時卻將雙手縮進袖口，任憑臨濟如何懇求，就是不肯出手。

臨濟禪師只好住了下來，直到安居的日期結束。

一天，臨濟禪師來辭行，黃檗禪師問道：「你準備往哪裡去？」

臨濟禪師回答說：「不是河南，便是河北。」

黃檗禪師聽後，揮拳就要打臨濟，臨濟禪師立刻用左手將來拳擋住，並用右手反擊了一掌。黃檗禪師被打得哈哈大笑，隨即給與臨濟印可道：「很好！很好！你有來處，也有去處，現在，河南你可以去，河北也可以去。」

臨濟義玄在黃檗希運禪師座下參禪，三年中被黃檗打了三次，後來他向大愚禪師講述被打的經過，並且十分委屈地說：「師父動輒拳腳相加，真是罪過！」大愚則勸慰他道：「黃檗愛徒心切，如此呵護你，怎能說是罪過呢？」臨濟終於言下大悟，至於後來反打黃檗，黃檗哈哈大笑，意思是臨濟已經瞭解了他的心意，既已印心，則東西南北便可以來去自由了。

《楞伽經》將「禪」分為四種

一是愚夫所行禪，即執有法不空而行禪； 二是觀察義禪，即於定中對義諦做靜慮之禪；三是攀援如禪，即圭峰宗密禪師所說「欣上厭下」之凡夫禪；四是如來禪，即自證聖智境界之禪。

無風起浪

一切諸法皆無自性，無生無滅，本來寂靜，自性涅槃。

——《解深密經》

臨濟禪師雲遊到金牛禪師的住處時，被金牛禪師用禪杖擋在了門外。臨濟禪師用手敲打了三下禪杖，回過頭來，大搖大擺地在禪堂裡的首座位置上坐了下來。

金牛禪師看到這種情形，臉色一沉，不悅地說道：「凡是行腳雲遊的學

僧，在謁見寺院禪主時，無不按照一定參學規矩，行賓主之禮，你是從哪裡來的？怎麼連這點基本的禮節都不懂？」

臨濟禪師一本正經地回答道：「我不明白您在說什麼？我敲了三下禪杖，不是早就跟您行禮打招呼了嗎？」

金牛禪師聽後，更加不悅，剛要開口痛斥，冷不防被臨濟禪師一把奪走了禪杖。

還沒等金牛禪師反過神來，臨濟禪師便將禪杖揮舞過來。

金牛禪師此時若有所悟，臨濟禪師這時卻

將禪杖硬生生地停在半空，忽然說道：「我今天不方便！」

金牛禪師順勢一掌打去，大喝一聲說道：「我此時倒很方便！」

臨濟禪師挨了一掌，反而哈哈大笑道：「的確不錯！我們今天不方便遇到了方便！」

後來，為山禪師就此事請教仰山禪師說：「這兩位前輩的對話，到底哪一個佔了上風？」

仰山禪師回答道：「佔上風者上風，居下風者下風！」

話音剛落，旁邊的座主不以為然地道：「佔上風者未必上風，居下風者未必下風，上風何在？下風何在？」

仰山禪師和為山禪師不約而同地說道：「正如座主所說，無風起浪！」

兩位禪師一言不合，便拳杖相交，但他們還是互傳了方便與不方便的消息。至於什麼是方便，什麼是不方便，只有兩位禪師心裡清楚。可是仰山禪師和為山禪師卻討論他們誰佔上風，誰居下風，無形中犯了無事生非的錯誤，在真正禪者的眼中這些只是「無風起浪」而已。

禪—是動中的極靜，靜中的極動，寂而長照，照而長寂，直探生命本源；更是一種無我，與天地相交融。是相非相，是我非我，是心非心。

野鴨飛過了無痕

心量廣大，猶如虛空，無有邊畔，亦無方圓大小，亦非青黃赤白，亦無上下長短，亦無瞋無喜，無是無非，無善無惡，無有頭尾。諸佛刹土，盡同虛空。世人妙性本空無有一法可得；自性真空，亦復如是。

—《六祖壇經》

一天，馬祖吃完了飯，看到天色很好，就到山門外散步。百丈一邊跟著師父，一邊在心中想著禪理，這時有一群野鴨子從寺門前飛了過去。

馬祖轉過頭來問百丈：「剛才從我眼前飛過去的是些什麼東西？」

百丈老老實實地回答說：「是一群野鴨子。」

馬祖又問：「牠們飛到哪裡去了？」

百丈：「我只知牠們飛過去了，並不知道牠們去了哪裡。」

馬祖聽後，不由分說一把扭住百丈的鼻子，用力扯了幾下，百丈疼得大聲叫喊。

馬祖一邊扯一邊說：「不是已經飛過去了嗎？怎麼還在這裡？」

當下百丈立刻開悟了。

他回房後，高興得哭了起來。

聽到哭聲，僧眾們都圍攏過來，關切地問：「你生病了嗎？」

「沒有！」

「是不是想家了？」

「沒有想家！」

「肯定是受了委屈？」

「沒有！」

「那你哭什麼呀？」

百丈淚眼滂沱地說：「你們還是去問老師吧！」

大家去問馬祖禪師。

馬祖說：「他自己知道，何必來問我！」

大家又返回去問百丈，卻見百丈躺在床榻上呵呵大笑。

眾人更加不解，問道：「你剛才哭得肝腸寸斷，現在為什麼又笑了呢？」

百丈說：「我就是剛才哭，現在笑。」

眾人聽後，更是丈二和尚摸不著頭腦，一個個面面相覷，不知所以。

第二天，馬祖剛上座，百丈便捲起坐墊揚

長而去。直到馬祖下座，百丈才回來。

馬祖問：「剛才我正要說法，你為什麼要走呢？」

百丈說：「因為我的鼻子早就不痛了。」

馬祖欣慰地一笑：「看來你已完全瞭解昨天的事了。」

野鴨子象徵一個「常」道，它是不會飛過去的，飛過去的只是假象。參禪者有時哭笑無常，正是印證了禪宗裡「大事未明，如喪考妣；大事已明，如喪考妣。」的說法。一樣的哭，不一樣的情形；一樣的疼痛，不一樣的感受。

德山棒

與「臨濟喝」齊名，唐朝德山宣鑒禪師常以棒打為接引學人之法，形成特殊之家風，世稱「德山棒」。《五燈會元·卷七》記載說：「道得也三十棒，道不得也三十棒。」

德山禪師對棒打之舉未做任何解釋，若由諸相關之公案推斷，在「以心傳心，不立文字」宗旨下，不得開口言說，只能以棒打點醒學人。

佛祖西來意

切忌從他覓，迢迢與我疏；我今獨自往，處處得逢渠。渠今正是我，
我今不是渠；應須恁麼會，方得契如如。

　　　　　　　　　　　　　　—唐·洞山良價·《景德傳燈錄》

　　龍牙山居遁證空禪師，洞山良價禪師之法嗣，俗家姓郭，江西撫州人。
十四歲時在吉州滿田寺出家，後來前往嵩嶽受戒。從此以後，他策杖遊方，遍
參禪師。

　　一日，龍牙禪師向翠微和尚說：「弟子來到大師的法席下已有一個月之
久，不蒙一法示誨，不知是何用意？」

　　翠微和尚忿然作色道：「嫌什麼？」

　　龍牙禪師一聽，茫然莫測其意。

　　於是便到洞山良價禪師處請教。

　　洞山禪師道：「怎怪得老僧？」

　　龍牙禪師依舊不明白。

　　於是他又返了回來，向翠微和尚請教說：「如何是祖師西來意？」

　　翠微和尚說：「將禪板遞給我！」

　　龍牙禪師剛把禪板遞給翠微和尚，便招致一頓痛打。

龍牙禪師捂著腦袋說：「老師打我沒有關係，但總要告訴我如何是祖師西來意吧！」

翠微和尚嘆了一口氣說道：「剛才的禪板難道沒有告訴你嗎？」

無奈之下，龍牙禪師又去參問臨濟禪師：「如何是祖師西來意？」

臨濟禪師道：「將蒲團拿來！」

龍牙禪師將蒲團遞給臨濟禪師，臨濟禪師接過之後，舉起來就朝著龍牙禪師劈頭打來。

龍牙禪師紅著臉說：「別急著打我！您還沒有告訴我如何是祖師西來意呢？」

臨濟禪師一邊打一邊說：「難道蒲團沒有告訴你嗎？」

龍牙禪師茫然不解，只得怏怏離去。

後來有位僧人問龍牙禪師：「你行腳時，曾參學訪問翠微和臨濟二位大德，對他們印象如何？」

龍牙禪師道：「印象很好，只是他們沒有告訴我如何是祖師西來意！」

龍牙禪師後來又去拜謁德山禪師。

兩人剛一見面，龍牙禪師開口便說：「學人仗莫邪劍，取師父的項上人頭如何？」

德山禪師聽後便伸出了脖子。

龍牙禪師哈哈大笑說：「頭落也！」

德山禪師微笑不語。

龍牙禪師將參德山禪師的這段因緣告訴了洞山禪師。

洞山禪師問：「德山做何反應？」

龍牙禪師說：「德山無語。」

洞山禪師道：「莫道無語，且將德山的頭呈給老僧。」

龍牙禪師聽後，立即禮拜懺謝，並留在洞山禪師座下，隨眾參請。

一日，龍牙禪師問洞山禪師：「如何是祖師西來意？」

洞山禪師說：「等到洞水逆流，再向你說。」

龍牙禪師聽罷，豁然開悟。

禪板打人，是將禪交給你擔當，所以禪板就是西來意。蒲團是禮拜之物，做為凡心接觸佛心之用，因此蒲團也可以告訴你西來意。但是要從禪板和蒲團中懂得西來意的真諦，那還需要長年累月的參究。

達摩

全稱菩提達摩，南天竺人，婆羅門種姓，佛傳禪宗第二十八祖。南朝梁武帝時來到中國始傳禪宗，「直指人心，見性成佛，不立文字，教外別傳」，經二祖慧可、三祖僧璨、四祖道信、五祖弘忍、六祖慧能等大力弘揚，終於一花五葉，盛開秘苑，成為中國佛教最大宗門，後人便尊達摩為中國禪宗初祖。

一宿覺

絕學無為閒道人，不除妄想不求真。無明實性即佛性，幻化空身即法身。

—唐·永嘉玄覺禪師

永嘉玄覺禪師，俗家姓戴，浙江永嘉人。他原本是一位精通天台止觀的秀才居士，後來讀《維摩詰經》開悟，遂出家參禪。他出家後，遍習三藏，與左溪玄朗交好。後來遇到六祖的弟子玄策，玄策忠告他說：「無師自悟是天然外道，你應該找名師指點才是。」

永嘉深受啟發，於是不遠千里來到曹溪，禮拜六祖。

當時六祖大師正在上堂說法，永嘉穿袍褡衣，手持錫杖，圍著法座繞了三匝，然後站在六祖大師的面前，振威大喝，既不問候，也不叩頭頂禮。

六祖大師說：「出家人要有禮貌，所謂禮儀三百、威儀三千，大德從哪裡來的，為何對我如此輕慢？」

永嘉說：「時間緊迫，用功修行要緊。生死之間只是剎那，哪裡還有時間顧及禮儀！」

六祖大師說：「你為什麼不求證無生法呢？你為什麼不去體悟無常迅速的道理呢？」

永嘉說：「你不用說求證，求證也沒有一個生死，體悟也沒有一個快

慢。」

六祖大師聽後，連聲稱讚，並為其印可。

這時永嘉脫笠整衣，正式禮拜，然後就向六祖大師告辭欲去。

六祖大師說：「為什麼急著回去呢？」

永嘉回答道：「本來就沒有動，哪有什麼快慢的？」

六祖大師讚嘆道：「恭喜你真正體悟無生了。」

永嘉說：「無生豈有意耶？」

六祖大師道：「沒有意，誰當分別？」

永嘉說：「分別亦非意。」

六祖大師聽了這話，拍拍永嘉禪師的背說道：「住一宿再走吧！」

永嘉於是在南華寺住了一宿，所以禪宗史上稱「一宿覺」。

　　永嘉禪師參拜六祖大師時三十一歲，在四十九歲時圓寂。他留下了近兩千字的《證道歌》，不但是禪門文字的精華，更是明心見性的必讀佳作。永嘉禪師初次會見六祖，顯得十分自負，如果不是六祖，何來「一宿覺」的佳話美談？永嘉禪師辭別六祖時，剛行了十餘步，便振錫說道：「自從認得曹溪路，了知生死不相關。」可見兩位禪家惺惺相惜了。

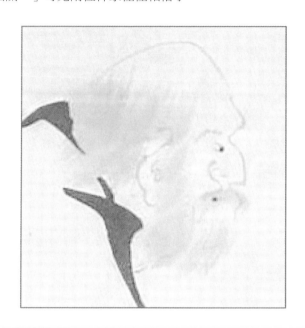

禪宗六祖慧能

主張佛性人人皆有，創頓悟成佛說，一方面使繁瑣的佛教簡易化；一方面使印度傳入的佛教中國化。因此，他被視為禪宗的真正創始人，亦是真正的中國佛教的始祖。他所著的《壇經》，是中國禪宗歷史上唯一被尊為經的禪宗佛教經典。

天龍一指禪

如來所說法，皆不可取、不可說、非法、非非法。所以者何？一切聖賢，皆以無為法而有差別。

—《金剛經》

一天黃昏，天上飄灑著細雨，濃鬱鬱的煙霧，鎖住了山間的古剎。

一位名叫實際的比丘尼推開寺院的門，不顧看門沙彌的阻攔，逕自走進俱胝禪師的禪堂，手持錫杖，繞禪座轉了三匝說：「上面講經的和尚，如果你說得有道理，我就脫下斗笠。」

俱胝禪師一時不知所以，實際比丘尼一連問了三次，他連一個字都沒有回答出來。

實際比丘尼感到很失望，便拂袖欲去，俱胝禪師慚愧萬分，紅著臉說：「天色已晚，師尊且留一宿吧！」

實際比丘尼停下腳步說：「如果你說得有道理，我就留下來。」

俱胝禪師仍不知該如何回答是好，只得眼睜睜地看著實際比丘尼離開禪院。

後來，天龍禪師來到此處，俱胝禪師就把實際比丘尼問話的經過說出來請示天龍禪師。天龍禪師豎起了一根指頭開示他，俱胝當下大悟。

從此之後，凡有人參學，他就豎起一指來教導，因而人稱「天龍一指禪」。

當時俱胝禪座下有一個沙彌，有人問他說：「俱胝禪師有什麼法要？」沙彌就學禪師的樣子豎起了一根指頭。

有一天，俱胝禪師就將戒刀藏在袖中，問沙彌：「聽說你會佛法，是嗎？」

沙彌答道：「略微明白一些。」

俱胝禪師問：「如何是佛？」

沙彌下意識地豎起一指，沒想到禪師一刀斬斷了他的指頭，沙彌痛得大聲怪叫。

俱胝禪師大聲喝道：「你再給我說一下，如何是佛？」

童子習慣性地舉起指頭時，卻發現手指不見了，於是當下大悟。

實際比丘尼說：「你說得有道理，我就脫下斗笠。」俱胝禪師無言以對，不是不說，只是想說而不知如何說起。禪宗講究的是教外別傳，不立文字，直指人心，見性成佛。思想一有分別，則離禪境更遠。天龍禪師豎出一指，俱胝禪師方知真理是一，此外無二亦無三。從此以一指傳授學人。沙彌依樣畫葫蘆，妄豎一指，使禪落於無知的形相，俱胝禪師戒刀一揮，斬斷了他的形相。從有形到無形，從有相到無相，沙彌也因此開悟了。

佛祖拈花，迦葉破顏

釋迦牟尼在靈山會上說法，他拿著一朵花，面對大家，不發一語。這時聽眾
們面面相覷，不知所以，只有迦葉會心一笑。釋迦牟尼看到後高興地說：
「吾有正法眼藏，涅槃妙心，實相無實相，微妙法門，不立文字，教外別
傳，付囑摩訶迦葉。」於是，禪便在一朵花和一個微笑之間誕生了。

棒打喝殺是活法

欲做精金美玉的人品，定從烈火中煆來；思立掀天揭地的事功，須向
薄冰上履過。

—明·洪應明·《菜根譚》

黃龍慧南禪師是石霜楚圓禪師的法嗣，俗姓章，江西玉山縣人。慧南禪師
十一歲從本州懷玉寺智鑾禪師出家，十九歲落髮受俱足戒，後遊方參學，先後
師事於廬山歸宗自寶禪師、棲賢澄諟禪師、泐潭懷澄禪師、福岩審承禪師。其
中懷澄禪師對慧南禪師尤為器重，曾經令他分座接眾，一時名震諸方。

慧南禪師與雲峰文悅禪師相友善，文悅禪師見到慧南禪師，每每感嘆說：
「慧南雖然有超人的智慧，可惜沒有遇到明師的錘鍊！」

一日，慧南禪師隨同文悅禪師遊西山，夜間談話，論及雲門的禪道。

文悅禪師說：「澄公雖然是雲門的後人，法道卻與師尊大不相同。」

慧南禪師追問道：「澄公的道法與雲門祖師道法究竟有何不同？」

文悅禪師說：「雲門如九轉丹砂，點鐵成金；澄公如汞銀，徒可玩，入鍛
則流去。」

慧南禪師一聽，以為文悅禪師是在貶損他的老師，不禁勃然大怒，拿起禪
床上的枕頭劈頭蓋臉地向文悅禪師打去。

文悅禪師急忙奪路而走。

第二天，文悅禪師向慧南禪師道歉說：「雲門氣宇如帝王，居高臨下，氣勢逼人，難道你願意死在他的語句之下嗎？澄公雖有法則教人，但那是一種死的法則，死的法則能活得了人嗎？」說完便要離開。

慧南禪師一聽文悅禪師的話中人有深意，便詢問他說：「你認為誰的道法能適合我？」

文悅禪師說：「石霜慈明禪師的手段超過所有的人，你應該去向他求教！」

慧南禪師心中暗想：「文悅禪師事於翠岩和尚，他卻讓我去見石霜和尚，這對他有什麼好處呢？」

過了幾天，慧南禪師便前往參禮石霜慈明禪師。途中，慧南禪師聽人說慈明禪師平時不管事，輕忽諸方小叢林，於是便心生悔意，遂改道登衡嶽，投福嚴寺，禮謁福嚴賢和尚。賢和尚於是命慧南禪師充當書記。

不久，賢和尚圓寂了。郡守便請慈明禪師到福嚴寺擔任住持之位。慧南禪師得知此事，喜形於色，想親自會會這位大名鼎鼎的禪師。

慈明禪師到福嚴寺之後，慧南禪師一面隨眾參請，一面冷眼旁觀。他發現慈明禪師果然像人們傳說的那樣，不由得心灰意冷，可是轉念又想：「大丈夫心膂之間，其可自為疑礙乎？」

一天晚上，晚參結束之後，慧南禪師便入室請益。

慧南禪師道：「慧南見識敝陋，今天見到大德，就像是迷途之中得到指南之車，希望大師不吝賜教。」

慈明禪師道：「書記領徒遊方，名聞叢林，即使有疑，也要坐下來商榷，怎麼能站在地上呢？」於是便令侍者搬來禪床，請慧南禪師坐。慧南禪師被慈明禪師的誠懇所感動，惶恐不安，堅持不肯坐，並再三哀請慈明禪師為他開示。

慈明禪師道：「公學雲門禪，必善其旨。如雲放洞山三頓棒，是有吃棒分、無吃棒分？」

慧南禪師道：「有吃棒分。」

慈明禪師一聽，便板起臉孔說道：「如此說來，從早到晚，鵲鳴鴉噪，都應該吃棒了！」

慧南禪師隨即瞠目結舌，連連後退。

慈明禪師道：「我起初還擔心不能做你的老師，今日看來是可以的！」

說完，慈明禪師便端坐不動，接受黃龍的禮拜。然後

又問道：「假如你能會取雲門意旨，那麼，趙州說『台山婆子，我為汝勘破了也』，哪裡是他勘破婆子的地方？」

黃龍被問得冷汗直流，不能回答。

第二天，黃龍又去參謁，這次慈明禪師不再客氣，一見面就大罵不止，黃龍問道：「難道責罵就是我師慈悲的教法嗎？」

慈明禪師反問道：「你認為這是責罵？」

黃龍恍然大悟，隨即作了一偈道：「傑出叢林是趙州，老婆勘破沒來由；而今四海明如鏡，行人莫與路為仇。」

在受苦的時候，感到快樂；在委屈的時候，覺得公平；在忙碌的時候，仍然安閒；在受責的時候，知道慈悲，那就是體會出真正的禪心了！

頓悟

是禪宗有別於其他佛教流派的重要標誌，也是其達到「涅槃」境界的不二法門。禪宗「頓悟」之法，最講究「無心」。它認為眾生之心皆為妄想，只有體會「心」的正覺，做到徹底「無心」，才能斷除妄想，即是說，「無心」之後真心乃可見。這時的真心與宇宙之心共同一體，無罣無礙，來去自由，這才真正達到了徹底解脫的「涅槃」妙境，所以說「即心是佛，無心是道」。

厚積薄發侍機緣

我有明珠一顆，久被塵勞關鎖。今朝塵盡光生，照破山河萬朵。

—宋·柴陵郁禪師

江西袁州的楊岐方會禪師，俗姓冷，有過目不忘的美譽。二十歲到筠川（今江西高安）九峰山，投師削髮為僧。隨後去潭州（今湖南長沙）參石霜楚圓並得法。後被道俗迎居袁州楊岐山傳法，因長期在楊岐山，被世人稱為「楊岐方會」，他的法被稱為「楊岐宗」。

他跟從慈明禪師時，主動承擔監院工作，雖然長達十年之久，但仍未能有所悟。他每次請求慈明禪師參問，禪師總是回答他：「你的任務很繁重，以後再談吧！」

這樣過了一段時間，有一天，他又去參問，慈明禪師說道：「監院以後的兒孫滿佈天下，急於悟道，有什麼著急的呢？」

一次，慈明禪師外出，忽然烏雲密佈，下起瓢潑大雨，楊岐恰在小路上偶遇他，就拉住禪師說道：「老師！你今天必須把禪道講給我聽，不然我把你留在這裡不讓你回去！」

慈明禪師說道：「監院！你如果知道這個事，一切便休！」

話音剛落，楊岐的耳朵中忽然像雷一般轟然一響，心中頓覺靈光一現，隨即徹悟過來，適時就跪拜在雨中泥濘的地上。汗水、淚水和雨水交匯而下，並

說道：「至今一切便休！至今一切便休！」

一天，楊岐禪師在慈明禪師上堂說法時，出眾問道：「『一幽鳥語喃喃，辭雲入亂峰』時如何？」

慈明禪師說道：「我行荒草裡，汝又入深村！」

楊岐禪師又道：「萬事雖休，更借一問。」

慈明禪師於是大喝一聲，楊岐禪師讚道：「好喝！」

慈明禪師接著喝，楊岐禪師也跟著喝，慈明接連地喝了三喝，楊岐就接連頂禮三拜。

楊岐禪師禮拜完畢之後，恭恭敬敬、誠誠懇懇地說：「老師，這樣的事，必須個人才能承擔！」

慈明禪師聽後拂袖而去，他表情雖然是冷峻的，但內心卻是滾燙的，在他耳邊不斷迴響著—「這樣的事，必須是個人才能承擔！」

禪宗有五宗七派之說，五宗即臨濟、溈仰、曹洞、雲門、法眼等五宗，加

上楊岐、黃龍是為七派。慈明禪師之所以不急於為他說破，是希望楊岐禪師深積厚累，再待機緣，可是楊岐悟道之心迫切，只得提前對他說，好個楊岐禪師，先說到一切便休，再說一切的事必須個人承擔，慈明拂袖，也就是讓他自己去承擔。楊岐禪師作了一首偈形容他的悟境，偈曰：「心隨萬境轉，轉處實能幽，隨處認得性，無喜亦無憂。」

禪宗奉菩提達摩為初祖。禪宗大致可以分為：

禪宗－北宗神秀一系
禪宗－南宗慧能一系－南嶽懷讓－臨濟－黃龍
禪宗－南宗慧能一系－南嶽懷讓－臨濟－楊歧－虎丘
禪宗－南宗慧能一系－南嶽懷讓－臨濟－楊歧－徑山
禪宗－南宗慧能一系－南嶽懷讓－溈仰
禪宗－南宗慧能一系－青原行思－曹洞
禪宗－南宗慧能一系－青原行思－雲門
禪宗－南宗慧能一系－青原行思－法眼

如此一棒

心平何勞持戒？行直何用修禪？恩則親養父母，義則上下相憐。讓則尊卑和睦，忍則眾惡無喧。若能鑽木出火，淤泥定生紅蓮。苦口的是良藥，逆耳必是忠言。改過必生智慧，護短心內非賢。日用常行饒益，成道非由施錢。菩提只向心見，何勞向什求玄？聽說依此修行，天堂只在目前。

—《六祖壇經》

有一個學僧從定州禪師處來到鳥臼禪師門下參學，鳥臼禪師問他說：「定州和我相比，有什麼不同？」

學僧回答道：「沒有什麼特別不同的地方。」

鳥臼禪師聽後，立即發揮馬祖門下的大機大用，厲聲說道：「如果沒有什麼特別的地方，你還留在這裡做什麼，回到原處去吧！」不由分說，舉棒便打。

學僧一邊躲閃一邊說：「即使你真的具有使棒的眼光，也要看清楚了再打；雖是禪棒，也不能隨便打人啊！」

鳥臼禪師說：「我今天發現了真正要打的人！」說完又重重地打了學僧三下。

學僧被打之後，氣呼呼地轉身要走，心裡想：「大名鼎鼎的鳥臼禪師，不過是浪得虛名而已。禪門棒喝，尚未入道，怎可亂打？」

　　鳥臼禪師見學僧要走，急忙叫住他說：「即使是盲棒，也得有個甘心接受的人呀！」

　　學僧聽後，轉過身來，無可奈何地聳了聳肩，說道：「反正棒子在你手中，我有什麼辦法？」

　　鳥臼禪師說：「如果你這麼想，那我就將棒子給你。」

　　學僧聽後，一把奪過鳥臼禪師手中的棒子，劈頭蓋臉地打了鳥臼禪師三下。

　　鳥臼禪師一臉委屈地說道：「屈棒！屈棒！」

　　學僧立刻反唇相譏：「即使是盲棒，也得有個甘心接受的人呀！」

　　鳥臼禪師說：「對於你這樣優秀的人才，隨便使棒，實在很對不起。」

　　學僧聽後，立刻禮拜下去。

　　鳥臼禪大聲喝道：「你以為這就算了嗎？」說著，又一棒打了過去。

　　學僧不禁跪下來說道：「打得好！打得好！原來打就是情，罵就是愛！」

　　在如此棒下，師生終於契合。

　　禪師們彼此在棒下說法，較量禪功，使的並不是盲棒，而是慧棒。他越是打你，越是對你好。打得對，我禮拜你；打得好，我長跪你。原來打就是情，罵就是愛！在我們求學問道時，挨得了如此的一棒嗎？

禪門供奉的諸尊之韋陀

佛的護法神,是南方增長天王屬下八神將之一,位居三十二員神將之首(四大天王每人手下有八神將)。據說,在釋迦佛入涅時,邪魔把佛的遺骨搶走,韋陀即時追趕,奮力奪回。因此佛教便把他做為驅除邪魔,保護佛法的天神。從宋朝開始,中國寺廟中供奉韋陀,稱為韋陀菩薩,常站在彌勒佛像背後,面向大雄寶殿,護持佛法,護助出家人。

儀山的捷槌

塵勞迥脫事非常，緊把蠅頭做一場，不是一番寒徹骨，怎得梅花撲鼻香？

—唐·黃檗禪師

一個寒冷的雪天，滴水和尚來到天龍寺拜見儀山禪師。

儀山禪師的家風森嚴而綿密，從來不輕易地接待人。對遊方行腳的禪者，常常以住眾已滿為藉口拒絕行腳僧的掛單。

儀山禪師不讓他進門，滴水就一直在門外跪著，這一跪就是三天。儀山禪師任手下的弟子百般求情，都絲毫不為所動。第四天，滴水身上皴裂的地方開始流血，他一次次倒下又一次次地爬起，極力支撐著跪在那裡。儀山禪師下令說，沒有他的命令，任何人都不准私自打開山門，否則便將其逐出師門。七天後，滴水支撐不住，倒了下去。儀山禪師這才走了出去，試了試還有鼻息，下令將其抬進了寺門。

滴水終於進了儀山禪師門下參學。

一次，滴水請示說：「無字與般若有何分別？」

儀山禪師大吼一聲：「你這個傲慢的小輩！」說著揮拳便打，不由分說將滴水趕出了法堂。

滴水懊惱異常，回到僧堂，那關門的聲音衝擊到耳朵裡，豁然開悟，於是

來到老師的房裡，報告無字與般若皆在一吼之聲中，得到了他的印可。

一天晚上，儀山禪師要洗澡，他感到盆裡的水有些熱，就呼喚滴水提一桶冷水來中和一下。

滴水匆匆地提了一桶冷水來加，順手把剩下冷水倒掉了。

儀山禪師不悅地指責道：「因地修行，陰德第一，你怎麼如此不惜福？宇宙萬物都有用處，即使小如一滴水，不僅可以止渴、洗澡、灑樹澆花也很好呀！不浪費的水就會永遠活著，你憑什麼浪費呢？」

這個訓誡使滴水銘刻於心，遂將自己的法名改為「滴水」。

滴水和尚後來弘法傳道，有人問他：「請問世間上什麼功德最大？」

「滴水！」滴水和尚不假思索地回答。

「虛空包容萬物，什麼可包容虛空？」又有人如此問道。

「滴水！」還是同樣的答案。

他的心已和滴水融合在一起，心包太虛，太虛即是心。

儀山禪師有一次看見滴水用白紙擤鼻涕，不由得大聲喝道：「你的鼻子就這麼尊貴？清淨的白紙，得之不易，你真是個損德的法賊，還在這裡修什麼行？」

滴水連忙改過。

滴水承襲了儀山禪師嚴峻的家風，在接待學人時，也非常嚴格，有時甚至

會拳腳相加。有很多學僧都受不了他這種禪風而中途打了退堂鼓，只有峨山禪師一個人堅持了下來，並說：「僧有三種，上等僧在師家的捷槌下日益強壯，中等僧欣賞師家的慈悲，下等僧只是在利用師家的影響罷了。」

滴水禪師在儀山的捷槌下日益強壯，成為真正的佛門法器。今日的青年，師教稍嚴，則動輒離去；待遇不足，則藉故他求，如此心態，焉能成為棟樑之材？

峨山禪師將求學問道的僧人分成三等，如今能運用師門影響，再加以發揚光大的下等僧已不多見，何況中、上等僧？我們不能不為滴水禪師的師徒相契、佛道相投而擊節讚嘆。

佛教史上先後出現的各種禪，主要可分為小乘禪和大乘禪兩大類。

小乘禪實際上也就是小乘佛教的禪，它提倡透過修禪實踐去體悟佛教的真理，以斷除無明和欲望，獲得個體精神上的解脫。大乘禪是伴隨著大乘佛教的出現而有的禪。大乘禪是在小乘禪的基礎上發展起來的，小乘禪的許多內容和方法都為大乘禪所繼承並發揮。但大乘禪也在許多方面對小乘禪做了改造與發展。

般若波羅蜜多心經

觀自在菩薩行深般若波羅蜜多時照見五蘊皆空度一切苦厄舍利子色不異空空不異色色即是空空即是色受想行識亦復如是舍利子是諸法空相不生不滅不垢不淨不增不減是故空中無色無受想行識無眼耳鼻舌身意無色聲香味觸法無眼界乃至無意識界無無明亦無無明盡乃至無老死亦無老死盡無苦集滅道無智亦無得以無所得故菩提薩埵依般若波羅蜜多故心無罣礙無罣礙故無有恐怖遠離顛倒夢想究竟涅槃三世諸佛依般若波羅蜜多故得阿耨多羅三藐三菩提故知般若波羅蜜多是大神咒是大明咒是無上咒是無等等咒能除一切苦真實不虛故說般若波羅蜜多咒即說咒曰揭諦揭諦波羅揭諦波羅僧揭諦菩提薩婆訶

般若波羅蜜多心經

第二章

諸佛妙理，非關文字

自有一雙無事手

佛言：吾法念無念念，行無行行，言無言言，修無修修，會者近爾，迷者遠乎！言語道斷，非物所拘，差之毫釐，失之須臾。

—《佛說四十二章經》

唐朝名臣裴休，進士出身，後來官至宰相。他對佛教信仰十分虔誠，與禪宗有深厚的因緣。在中國禪宗史上，他與白居易、李翱、陸亙大夫等居士齊名。

裴休與溈山靈佑同門，精通《華嚴》教旨與禪宗心要。他有一個習慣，就是將自己每次參禪的心得，都用文字詳細地記錄下來，並編印成冊。他一直以為這樣做才是參禪的最佳途徑。

裴休對黃檗禪師的禪法推崇備至，每次禪師說法，他都記錄下來，旦夕揣摩玩味。在中國禪林中，黃檗禪師是一位坦蕩耿直的佛門大德，他和臨濟禪師，同為「棒喝」的始祖。禪師六十五歲時，住江西龍興寺，裴休將他的說法輯為《傳法心要》上卷；到了七十二歲時，禪師移居河南的開元寺，裴休又為他的開示輯為《傳法心要》下卷。

當《傳法心要》編纂完成之後，裴休十分恭敬地呈給黃檗禪師，希望禪師對其內容有所指示。

黃檗禪師接過來之後，看都不看一眼就放在了桌子上，裴休怔怔地站在那

裡，心裡忐忑不安，心想：「是我的記載有偏差，惹大師生氣了？還是書本裝訂得不夠好？為什麼他連看都不看一眼呢？」

過了許久，禪師才說話：「你明白我的意思嗎？」

裴休如實地答道：「不明白！請大師明示！」

黃檗禪師方便開示道：「昔日靈山會上，佛祖拈花示眾。眾皆默然，唯迦葉破顏微笑。世尊云：『吾有正法眼藏，涅槃妙心，實相無相，微妙法門，不立文字，教外別傳。』於是，禪宗便自成一派。『禪』講究的是『教外別傳，不立文字』，你把心得表示在筆墨文字上，扼殺了佛法的真義，同時也失去禪宗的宗旨，所以我才不看你編纂的書。」

裴休聽後，對禪有了更深的瞭解，對黃檗禪師的說法深為嘆服，並作頌讚曰：

自從大士傳心印，額有圓珠七尺身，

掛錫十年棲蜀水，浮杯今日渡漳濱，

八千龍象隨高步，萬里香花結勝因，

擬欲事師為弟子，不知將法示何人？

黃檗禪師聽後，隨口說了一偈道：

心如大海無邊際，口吐紅蓮養病身，

自有一雙無事手，不曾只揖等閒人。

裴休身居相位卻篤信釋家，手握重權卻潛心佛道，祖籍河南卻終老溈山，特別是他要求年輕的狀元兒子辭去翰林職位削髮為僧，在我們眼裡看來都極不可思議，也許這就是禪宗的魅力所在。黃檗禪師短短的幾句話就揭示了禪宗的真諦，讓裴休醍醐灌頂，如夢方醒，真可謂是：「靜夜鐘聲，喚醒夢中之夢；寒潭月影，窺見身外之身。」

小乘禪和大乘禪的區別

小乘佛教以自度為主，解脫以「灰身滅智，捐形絕慮」為主要目標，故修禪者往往是遠避喧囂的塵世，獨處清靜的山林，息一切思，去一切想；大乘佛教則強調普渡眾生，突出心性的清淨，故入世間而不礙修禪，心定而一切淨，甚至認為處處是道場，時時可修心。

蜂子投窗笑太癡

百丈峰頭開古鏡，馬駒踏下重甦醒。接得古靈心眼淨，光炯炯，歷來
藏在袈裟影。好個佛堂佛不聖，祖師沉醉猶看鏡。卻與斬新提祖令，
方猛醒，無聲三昧天皇餅。

—宋・黃庭堅 《漁家傲・其四》

古靈神贊禪師在福建的大中寺出家，皈依後便雲遊四方，行腳參方學道。
後來在百丈懷海禪師會下開悟。

數年之後，他學成歸來，仍舊回到大中寺參禪悟道。

他的師父問他說：「你在外面歷練了好幾年，得何事業？」

神贊回答說：「並無事業。」

師父聽後，感到很失望，對神贊仍然如過去在寺裡一樣的看待。神贊還是
過著小沙彌的生活，在寺裡做些燒飯砍柴、端茶送水的事。

其實，境界如人飲水，冷暖自知，是無法呈給師父看的。

有一天，師父要洗澡，喊神贊來擦背。

神贊一邊擦背一邊說：「好大的一座佛殿，佛卻不顯聖。」師父回過頭來
瞟了他一眼。他又接著說：「佛雖不聖，且能放光。」師父似懂非懂，不明白
他說此話的用意，不過也隱約地察覺到神贊是在批評他。

一天，師父在窗下看經文，恰巧有一隻黃蜂在窗櫺上嗡嗡叫，想找路出去，卻總是被窗紙擋住。師父放下經書，若有所思地看蜂子投窗。

這時，神贊開腔對蜂子說：

門不肯出，投窗也太癡；
百年鑽故紙，何日出頭時？

師父聽後，徒然一驚。急忙將經書合上，對神贊說：「你這次行腳，究竟遇見了什麼高人？我看你這次回來，前後數次的發言，都異乎往常。」

神贊說：「徒弟在外行腳時，蒙百丈和尚，指個歇處，今日回來，就是想報答師父對我的恩德。」

師父立刻吩咐僧眾備齋，請神贊用完齋後，上堂說法。

神贊毫不客氣地升座上堂說法，把百丈的門風拿出說：

靈光獨耀，迴脫根塵；體露真常，不拘文字。
心性無染，本自圓成；但離妄緣，即如如佛。

師父隨即在言下開悟。

神贊禪師後來在古靈大振宗風。在他滅渡之前，先叫人為他剃頭洗澡，然後打鐘召集僧眾，聽他最後的開示。大家到來坐下之後，神贊禪師說：「你們知不知道什麼叫無聲三昧？」大家齊聲回答道：「弟子不知。」

神贊說：「你們靜下心來聽，不要胡思亂想，要一心不亂地靜聽。」僧眾們都聽從了他的話，一心一意地側耳聆聽無聲三昧。神贊禪師卻坐在講台上默

默地不發一言。過了許久，大家對無聲三昧仍未聽出什麼名堂。再看神贊禪師時，他已經坐在那裡安詳地圓寂了。

五山十剎

是禪宗名寺的總稱，亦稱「五嶽十剎」，為我國禪林宮寺制度中最高級別的寺院。

禪院五山是：餘杭徑山興聖萬禪寺、杭州南屏山淨慈寺、杭州靈隱山靈隱寺、鄞縣天童山景德寺、寧波阿育王山廣利寺。

禪院十剎是：杭州中天竺永祚寺、蘇州萬壽報恩光孝寺、蘇州虎丘雲巖寺、湖州道場萬壽寺、福州雪峰崇聖寺、溫州江心龍翔寺、金華寶林寺、天台國清寺、奉化雪竇資聖寺、南京靈穀寺。

大愛無言，大音希聲

夫說法者，無說無示。其聽法者，無聞無得。說既無說無示，爭如不說；聽既無聞無得，爭如不聽！

—《碧巖錄》

青林師虔禪師到洞山禪師那裡初次參學時，洞山禪師問他說：「你是從什麼地方來的？」

青林禪師回答道：「我從武陵來！」

洞山禪師又問他說：「武陵的佛法與我這裡的有什麼不同？」

青林禪師長身直立，聲音洪亮地答道：「就像是在蠻荒的沙石上盛開著燦爛的鮮花。」

洞山禪師聽後，心中豁然一驚，回頭吩咐弟子道：「做一些好飯菜供養這個人！」

青林禪師不僅不道謝，反而拂袖而出。

洞山禪師對僧眾道：「此人非比尋常，日後天下學僧必然會聚集在他的門下！」

一日，青林禪師向洞山禪師辭行。

洞山禪師說：「你準備到哪裡去雲遊？」

青林禪師道：「豔陽當空，遍照宇宙，它是不會自己隱藏起來而不讓人發現的。」

洞山禪師說：「錐處囊中，鋒芒畢現。我也不久留你了，一路保重，好自為之！」

於是洞山禪師就送青林禪師走出山門，臨行時，洞山禪師拍著青林禪師的肩膀說：「你能不能向我說說你此番遠遊的心情？」

青林禪師不假思索地道：「步步踏紅塵，通身無影像。」

洞山禪師聽後，默然不語。

兩人靜靜地站在山門外，空氣就像凝固了一樣。

過了許久，青林禪師才開口說道：「老師！您怎麼不說話呢？」

洞山禪師說：「我對你說了那麼多的話，難道你沒有聽見嗎？」

青林禪師若有所悟，隨即跪下說道：「師父的教誨，弟子定會銘記在心。」

洞山禪師扶起青林師虔禪師道：「你去吧！你可以到無說無示的地方去了。」

洞山禪師無言的心態—即所謂「真如妙心」，是一種至為安詳、調和、靜謐、美好的心態，任何語言和行為都無法將其打破。這種心態純淨無染，無慾無貪，坦然自得，無拘無束，不著形跡，不可動搖。絕對真理，是無說無聞之境，故終日說而非說，聞而非聞。有的人只是在語言上鑽研計較，殊不知，古

人一句截斷意根。

用無言無說的開示法語，才是禪語的真正法音。

禪門供奉的諸尊之關公

原名羽，字雲長。三國時蜀漢河東郡解縣人。勇猛過人，為蜀漢「五虎上將」之首。為人素重情義，秉性忠直，彪炳青史。明神宗時，敕封為「三界伏魔大帝神威遠震天尊關聖帝君」，因此，民間多尊稱為「關帝」。據《佛祖統紀‧卷六‧智者傳》所載，隋朝智者大師曾在玉泉山入定，定中見關帝顯靈，化玉泉山崎嶇之地為平址，以供大師建寺弘法。之後，又向大師求受五戒，而成為正式之佛弟子。後世佛教亦有將關帝列為伽藍神者。

騎牛覓牛

若人欲識佛境界，當淨其意如虛空；遠離妄想及諸取，令心所向皆無礙。

—《華嚴經》

長慶大安禪師是一位用功的修行者，在石頭禪師處得法後，他雖然深諳佛經卻不能領略個中三昧，對禪道心性玄極最高之理始終不能入門。他十分羨慕慧淨能夠靜心冥想；慧德能夠超脫一切；慧嵩能夠心靜如水；慧禮能夠將自己擲入三世十方虛空。除了羨慕，他更多的是覺得愧對石頭禪師，常常寢食難安，日夜思索問題到底出在哪裡。

後來他去禮拜百丈懷海禪師，向禪師問道：「人們學佛，不知像什麼？」

百丈禪師一語破天機：「就像騎牛覓牛。」

大安禪師又問道：「認識佛陀後又該怎樣呢？」

百丈禪師說：「把牛騎回家就可以了。」

大安禪師對這種解釋，似乎還有些不放心，於是再次追問道：「應該如何保留心中的佛性呢？」

百丈禪師開示說：「就像牧牛人那樣，手持木棒看管牠，不要讓牠踐踏莊稼。」

大安禪師聽後，依此修行，時時把持自己、肯定自己，再也不向外馳求。

大安禪師躬耕助道，同與靈佑禪師一起創建了溈山一派。靈佑禪師圓寂後，大眾推舉他擔任住持。

大安禪師到了晚年，回到福建，住在怡山院。他終日端坐，不發一言，很少走出禪房，僧眾們背後議論紛紛，都稱他為「懶安禪師」。

有的禪僧說：「終日不言不語，就像塊木頭，難道就是禪嗎？」

還有的禪僧說：「終日端坐，既不領眾梵修，也不指導作務，這就是所謂的禪嗎？」

僧眾們的議論傳到了大安禪師的耳朵裡，一天，他集合大眾，宣告說：「請大家今天跟我終日端坐，不言不語，只要三天，當可令大家識得自己。」

僧眾們隨大安禪師靜坐了一日，個個腰酸腿痛，第二天，全都請求禪師說，他們寧可作務，也不願靜坐。

大安禪師這時才告訴僧眾們說：「老僧坐一日，勝過千年忙。」

僧眾無言。

大安禪師並不是一個懶惰的人，他年輕時，幫助靈佑禪師開創溈山，篳路藍縷，終日耕作。雖然說搬柴運水是禪，但禪絕不僅限於搬柴運水，就像「善惡是法，法非善惡」一樣。

作務是禪，端坐亦禪；說法是禪，靜默亦禪；動固是禪，靜更是禪。何必將語默動靜分割？何必將忙閒看成兩件事？騎牛覓牛，皆因不識自己佛性；騎

牛回家，就已經將萬事放下了。

禪宗「頓悟成佛」的理論根據是「自性本自俱足」。它認為，眾生想要成佛，不能依靠任何外在的力量，而只需「自性頓現」就可獲得「涅槃」，進入佛地。在禪宗看來，「佛是自性作，莫向身外求」，「此三身佛從自性生，不從外得」，「心外別無佛，佛外無別心」，總之一句話：「自心是佛」。

釣盡江波，金鱗始遇

風卷雲天小艇斜，煙波深處作生涯。絲綸擲斷雙關手，抉出驪龍眼裏
沙。

—宋‧釋慧遠

唐朝的夾山和尚在一次講經時，有個學僧問他什麼是法身、法眼，他回答說：「法身無相，法眼無理。」

話音剛落，便引來道吾禪師的一陣冷笑。

夾山十分謙虛，立刻走下講壇前來請教。

道吾說：「你回答的並沒有錯，只是沒有遇到真正的老師。」

其實，夾山心裡也沒有弄懂到底什麼是法身，只不過是撿了個現成的答案，拿來搪塞罷了。當時很多法師在講經時，都存在這樣的情況。

夾山請道吾開示，道吾說：「你的法緣不在我這裡。離這兒不遠有個叫華亭的地方，旁邊江上的船子和尚與你有緣，還不快去！」

夾山將自己的道場解散了，就急急忙忙地趕到華亭，到江邊去尋找船子和尚。

用了很長的時間，夾山才找到他。

船子問：「你住在哪座廟宇？」

夾山一語雙關地答道：「寺即不住，住即不是。」

船子和尚立刻緊逼了一句：「不似，又似個什麼？」

夾山說：「不是目前法。」

船子和尚笑了笑說：「你是從哪裡撿來的這些虛頭套語？」

夾山又回答說：「非耳目之所能到。」

船子聽後，不覺臉色一沉，厲聲說道：「一句合頭語，萬世繫驢橛。」

說著把橈竿一舉，問道：「垂竿千尺，意在深潭；離鉤三寸，子何不道？」

夾山一愣，還沒等回過神來，就被橈竿打落下水，船子又把他從水裡拉上船。

夾山像個落湯雞一樣，驚魂未

定地站在船上，船子和尚用手推了他一下，催促他說：「你快點回答呀！」

夾山剛要開口，船子和尚舉起橈竿便打。

打得夾山連連點頭。

船子說：「竿頭絲線從君弄，不犯青波意自殊。」

這下火山真的開悟了，隨口就問：「拋綸擲釣，師意如何？」

船子說：「絲浮綠水，浮定有無之意。」

夾山接著說：「語帶玄而無路，舌頭談而不談。」

船子和尚會心地一笑，讚許說：「釣盡江波，金鱗始遇。」

夾山開悟後，船子和尚依舊叮囑他說：「你今後要『藏身之處沒蹤跡，沒蹤跡處莫藏身』。」

就是說，要把自己身、語、意三業化解得無蹤無影，真正體證一切法空。同時還要把這個無影無蹤化解乾淨，不能陷在裡面出不來。

禪宗的修行方法

頓悟和漸悟是禪宗的兩種修行方法，這牽涉到著名的禪宗六祖的公案：六祖慧能的「菩提本無樹，明鏡亦非台」就是頓悟；他師兄神秀的「心是菩提樹，身是明鏡台」就是漸悟。

清清之水，游魚自迷

明明無悟法，悟法卻迷人；長舒兩腳睡，無偽亦無真。

——唐・夾山善會禪師

有一個學僧向夾山善會禪師請示道：「從古至今，歷代祖師都立下言教訓示後人，為什麼禪師沒有言教呢？」

夾山說：「三年不吃飯，目前無飢人。」

學僧問：「既是無飢人，我為什麼沒有開悟？」

夾山說：「只為迷悟迷卻了你。自有佛祖以來，人們對佛法的誤會一直相傳至今，把佛祖的言句當成亙古不變的真理，這樣只會使人變得瘋狂和迷失。所謂無法是道，道無一法；無佛可成，無道可得；無法可取，無法可捨。如果照搬經文，那是有所歸依，仍然不得自在。佛祖不能替你生死。」

學僧不解地問：「十二分教及祖師西來意，可以說都是悟法悟人，禪師為什麼說沒有悟法亦沒有迷人？」

夾山說：「那些西來意是老僧的坐墊，你問西來意，為什麼不問你自己的己意？」

學僧：「我不明白己意是什麼？我只問禪師究竟要以何法示人？」

夾山搖搖頭說：「虛空沒有掛針處，何必徒勞引線功。你為什麼一定要畫

蛇添足呢？」

　　學僧無語。

　　夾山接著說：「自我看來，維摩居士的居家梵行，釋迦如來的觀機說法，都是多此一舉。」

　　學僧說：「難道聖教一無可取嗎？」

　　夾山說：「可取的都不是聖教！」

　　學僧依舊困惑地問：「若無言教，學僧怎能開悟呢？」

夾山說：「每個人都有自己的『西來意』，何要別人的言教？」

學僧這才明白。

一次，有個學僧問夾山：「大師，什麼才是道？」

夾山沒有正面回答他，只是隨口說了句：「滿目陽光，長空萬里無片雲。」

學僧聽後，一臉茫然。

夾山接著說：「清清之水，游魚自迷。」

學僧想了想，豁然明白了其中的道理。

佛陀說法四十九年，講經三百餘會，他依然說自己沒有說過一個字。所謂禪者，離文字相，離語言相，離心緣相。用言教說法，離禪遠矣！禪不可說，

禪宗主張「自心是佛」的「頓悟」法門，其理論基礎之一，就是「一切法皆從心生」。禪宗認為，「心」是世間一切事物和現象（「萬法」）產生和存在的本源。所謂「萬法從自性生」，「夫百千法門，同歸方寸；河沙妙德，總在心源」等均是申明此意。

文字紙墨非真義

諸修行人，不能得成無上菩提，乃至別成聲聞緣覺，及成外道，諸天魔王，及魔眷屬，皆由不知二種根本，錯亂修習。猶如煮沙，欲成嘉饌，縱經塵劫，終不能得。一者，無始生死根本，則汝今者，與諸眾生，用攀緣心，為自性者。二者，無始菩提涅槃，元清淨體，則汝今者識精元明，能生諸緣，緣所遺者。由諸眾生，遺此本明，雖終日行，而不自覺，枉入諸趣。

——《楞嚴經》

雲門禪師在睦州陳尊宿那裡開悟以後，就出外遊方。

一日，雲門禪師輾轉來到江州，遇到陳操尚書，陳尚書也是個禪門學者，雲門很想與之親近。

誰知兩人剛一見面，陳尚書就帶著考試的口氣問道：「請問大師，什麼才是衲僧的行腳事？」

雲門不答，反問道：「你這話問過幾個人了？」

陳尚書說：「先別管我問過幾個人，你先回答我的問題！」

雲門聽後心裡有些不悅，但依舊緩緩地說：「這事且放一邊，我來問你，什麼是如來一代三藏教義？」

陳尚書頗為自負地答道：「黃卷赤軸。」

雲門說：「這只是文字紙墨，算不得佛法真義，請問尚書大人，什麼是教義？」

陳尚書說：「口欲言而辭喪，心欲緣而慮忘。」

雲門又問：「口欲言而辭喪，為對有言；心欲緣而慮忘，為對妄想。尚未說對，請再說，什麼是教義？」

陳尚書頓時語塞。

雲門看了看陳尚書，話鋒一轉，問道：「聽說尚書平時研讀《法華經》？」

陳尚書一掃先前的驕氣，斂手答道：「弟子不才，略知一二。」

雲門說：「經中道：一切治生產業皆與實相不相違背，請問，非非想天有幾人退位？」

陳尚書茫然不知所對。

雲門說：「十經五論都看過的師僧，拋卻經論後再入叢林修行，經過十年、二十年也不見得就會開悟，尚書只看幾卷經論怎能會得？」

陳尚書躬身施禮，恭敬地說：「弟子一時唐突，還望大師原諒！」

從此，雲門在陳尚書家裡一住就是二年。

俗話說「只要一開口，便知有沒有」，禪門證悟，不開口則已，一開口就能振聾發聵，讓人猛醒。禪者不是逞口舌之能，任意一說，雲門初參睦州時，被他三搥其胸，三逐門外，後來千辛萬苦，才能開悟。陳尚書僅憑幾部經論就想縱橫禪林，真是不自量至極！

禪門供奉的諸尊之密跡金剛

梵文Guhyapada，或稱「夜叉王」。密跡金剛原為法意太子，後來發願要經常親近佛，隨侍佛的左右，普聞諸佛秘要密跡之事，後來成為五百名隨從的首領。密跡金剛原只有一個，但在寺院三門殿內的兩側，各塑一尊，頭戴寶冠，袒露上半身，手持金剛杵，做忿怒相。在中國古代小說中說金剛力士是鄭倫、陳奇死後封神而成，稱「哼哈二將」，是「二十諸天」中的第七天工。

第三章

行雲流水話禪心

體禪入微

余謂群生失真迷性，棄本逐末者，病也；三教之語，以驅其惑者，藥
也。儒者，使之求為君子者，治皮膚之疾也；道書使之日損，損之又
損者，治血脈之疾也；釋氏直指本根，不存枝葉者，治骨髓之疾也。

— 南宋・張商英・《護法論》

張商英，字天覺，號無盡居士，四川崇慶人。從小便能過目成誦，日記萬
言。長大後，更是風流倜儻，豪視一切。十九歲，進京應仕，高中進士，隨後
被派往通州，出任主簿。

一日，張商英參觀寺院的藏經樓，只見滿室書香，四壁的藏經梵夾，金字
工整遒勁，實為人間瑰寶。一向以儒學自居的張商英看了，忿然作色地說道：
「難道我孔孟聖賢之書，竟然不如胡夷教法受世人敬仰嗎？」隨即決定撰寫
《無佛論》一書，以破斥佛教的蠱眾學說。他的夫人說：「既然名曰無佛，又
何來議論之有呢？果真想對佛教提出論議，應該著述有佛論才對呀！」

張商英被夫人當頭棒喝，心中疑惑久久難解。直到有一天他翻閱了《維摩
詰經》。當他翻到文殊師利問疾品時，一段文字赫然跳入眼簾：「是病非地
大，亦不離地大。」 不禁掩卷慨嘆道：「想不到天竺胡人對於人生也有如此精
闢的見解！」從此便收攝慢心，歸信佛乘，並且遍禮天下叢林，參禪訪道，深
契禪要。

宋哲宗元佑六年（西元1091年），無盡居士張商英任江西漕運使，到任

後，前去謁見東林照覺總禪師。

覺禪師與他談禪論道，感到十分投緣，便為其印可。

後來，無盡居士因公務之便，來到江西修水縣，遍訪佛門大德。

這天，雲峰悅禪師清晨起來告訴徒弟說：「張商英來到修水，很快就會到這裡來。」

徒弟說：「張商英是江西漕運使，如果他態度傲慢，我非揍他一棒不可！」

正說著，守門的沙彌前來稟報說：「師父，有個當官的前來拜訪。」

悅禪師呵呵一笑說：「說曹操，曹操就到了！」

於是，師徒幾人迎到了寺外。

張商英一到了，態度果然十分傲慢，在客堂裡東問西問，問南普陀有幾個房間；寺裡有幾個學僧；一年有多少開支，絲毫不把悅禪師放在眼裡。

悅禪師並不生氣，依然臉色和悅地與之應酬。

張商英見悅禪師的書桌上有一本詩集，就譏諷他說：「聽人家說你的詩做得非常好，有這回事嗎？」

悅禪師大笑說：「運使公，失卻一隻眼了！」

張商英一直認為自己對禪已有了很深的造詣，聽到悅禪師口氣，分明有輕視他的意味，不覺臉色一沉。

在張商英還沒有來到這裡之前，悅禪師曾夢見日輪升天，被他伸手取回。天亮後對首座說：「聽說張運使不久過此，我當以深錐痛扎，若肯回頭，將是佛門幸事。」

首座師說：「今之大丈夫，受人奉承慣了，恐怕他要惡發，別生事端！」

悅師說：「正使煩惱，也只是我退出此院，別無他累。」

次日，張商英來到寺院，與悅禪師話不投機，於是在寺後擬瀑軒題詩道：「不向廬山尋落處，象王鼻孔謾朝天！」意思是譏諷悅禪師不肯問東林之意。

悅禪師看後，對他說：「東林既然印可運使，運使對佛祖的言教有疑惑嗎？」

張商英說：「有！」

悅禪師問：「所疑惑的是什麼？」

張商英答道：「我對香嚴獨頌、德山拓缽話有些不明白。」

悅禪師說：「既然有疑問，就說出來聽聽！」稍後又說：「如嚴頭所言，最後一句是有還是無？」

張商英說：「有！」

悅禪師聞聽，大笑著離開客堂。

悅禪師這一笑，讓張商英感到很不是滋味。

他一夜都沒有睡安穩，在床上輾轉反側。五更天下床去小解，不慎觸翻了溺器，猛省大悟前話，因而頌道：

鼓寂鐘沉拓缽回，嚴頭一拶語如雷；

果然只得三年話，莫是遭他受記來？

隨即，穿好衣服，立刻跑到方丈室扣門道：「開門！我已經捉到賊了！」

悅禪師在房內應道：「賊在何處？」

張商英被他問得愣住了，弄得竟無話可答。

悅禪師在房裡又說道：「運使且去，來日相見！」

第二天一早，張商英手捧寫好的頌，呈給禪師。

悅禪師呵呵笑著，應聲開門。張商英於是舉喝前頌，從悅禪師正色道：「參禪悟道，只為了命根不斷，熟讀經文語句，只為了依此契入佛之知見、祖師禪心。但是凡人不知，對於極細微處，強作解人，終墮區區框宇。你已深獲此理，聽我為你作頌印證：

等閒行處，步步皆如；
雖居聲色，寧滯有無；
一心靡異，萬法非殊；
休分體用，莫擇精粗；
臨機不疑，應物無拘；
是非情盡，凡聖皆除；
誰得誰失，何親何疏；
拈頭作尾，指實為虛；
翻身魔界，轉腳邪塗；
了無逆順，不犯工夫。

從此，張商英敬仰從悅，待以師禮。

禪宗的公案和頌古的涵義

禪宗在廣泛汲取大乘佛教思想精華的基礎上，以機鋒的形式形成了獨特的感悟，這就是公案。公案最能體現禪的精神、思想、方法、靈智。用詩偈表達、吟詠公案，就是頌古。頌古是禪文學的奇葩。公案與頌古是表徵禪宗哲學的重要話語形式。

出入得宜

思入世而有為者，須先領得世外風光，否則無以脫垢濁之塵緣；思出
世而無染者，須先諳盡世中滋味，否則無以持空寂之後苦趣。

—明· 洪應明·《菜根譚》

一天，無相禪師頭頂炎炎烈日，行走在路上。

他一路旅途勞頓，不免又飢又渴。剛好看到不遠處，有一個青年在溪水裡
踩水車，於是就快步走上前去討水喝。

青年遞給禪師一碗水，同時用一種羨慕的口吻說：「禪師！如果有一天我
能看破紅塵，一定會像您一樣出家學道。不過，我可不想像您這樣四處行腳，
居無定所。我會找一個僻靜的地方參禪打坐，而不再拋頭露面。」

無相禪師含笑地問道：「哦！那你什麼時候能看破紅塵呢？」

青年說：「我們這一帶全靠這部水車取水，全村只有我會操縱水車，如
果能找到一個接替我的人，屆時沒有了牽絆，我就可以看破紅塵，皈依佛門
了。」

無相禪師說：「你說你最瞭解水車，那麼我來問你，如果水車全部浸在水
裡，或完全離開水面會怎麼樣呢？」

青年連連擺手說：「這可萬萬使不得！只有將水車的下半部置於水中，上
半部逆流而轉才能取到水。如果把水車全部浸在水裡，不但無法轉動，甚至會

被急流沖走；完全離開水面更不能取到水。」

無相禪師說：「水車與水流的關係好比是個人與世間的關係，如果一個人完全入世，不免會受到五欲六塵的沾染。如果純然出世，自命清高，不與世間來往，那麼人生必定會漂浮無根，空轉不前。一個修道的人，要出入得宜，既不抽身旁觀，也不沉溺其中。出世與入世兩者並行不悖，才是為人處世和出家學道的正確態度。」

青年聽後，恍然大悟地說：「聽禪師這一席話，真叫我茅塞頓開，您真是我的善知識。」

無論是財、色、名、食、睡等五欲，還是色、聲、香、味、觸、法等六塵，都能令我們流轉六道。不過它們之所以造成禍害，並不是自身的不淨，而在於人心的愚癡無明、貪愛染著。一個人對塵世的生活太過執著，貪愛會燒昏了頭腦；但如果捨棄世間的觀念，就會變得冷冰冰的了無生氣。人們理想的生活，應當是當放下的時候放下，當提起的時候提起。

禪宗公案

是禪宗在中國發展出的一個重要教學手段。公案是古代的「考題內容」，一開始並不是佛教的工具，後來被祖師借用來考學生「佛法應用」。由於公案的故事情節是豐富多采，而它的涵意卻是可以深參的，因此禪師喜歡透過講述公案情節，來考聽者的佛教修行功夫。進而對聽者的思維方式進行引導和分析，讓聽者有個參悟的空間。

根深方能葉茂

嘗聞入道要門,發心為首;修行急務,立願居先。願立則眾生可渡,
心發則佛道堪成。

—《勸發菩提心文》

一位學僧讀《勸發菩提心文》時,讀到「金剛非堅,願力最堅」這句話
時,不明白其中的含意,就跑去請示無相禪師。

無相禪師說:「在學佛的菩提道上,難免因人的惰性、機緣、業魔等障而
有退失菩提心的時候,必須要靠願力來支撐、鞭策。歷代的高僧大德能有所成
就,無一不是靠誓不退轉的願力完成的,就像普賢菩薩的十大願、觀音菩薩的
十二大願、阿彌陀佛的四十八大願、地藏菩薩的『地獄未空,誓不成佛』的悲
願,都是我輩修持的榜樣。」

學僧聽後,依舊不明白,他又問道:「為
什麼想成佛,就一定要立下志願普渡眾生
呢?」

無相禪師回答道:「眾生好比是樹的根,
菩薩就像樹上開得花,佛便是樹上結的果。如
果想要得到豐收的碩果,就必須努力灌溉樹的
根。用心地去愛護它、照顧它。否則根部一旦
受到損害,樹就會枯萎死亡,又怎麼能開花結

果呢？」

學僧一邊聽，一邊不住地點頭稱是。

他深覺願力的重要，就進一步向禪師請教說：「老師，您的願力是什麼呢？」

無相禪師道：「我不能告訴你！」

學僧不解地問：「為什麼不能告訴我呢？」

無相禪師道：「我的願力是我的，你為什麼不發你的願力呢？」

學僧終於心開意解，禮謝而去。

每個人都有各自的願力，不必苛求別人為自己做了什麼，應該捫心自問，問自己願為大眾做什麼。不管你是願做一艘船，載運行旅；還是願做一條道路，供人行走。一點一滴，都在進德修業。《華嚴經》上說「欲作諸佛龍象，先做眾生馬牛」，為別人其實就是為自己！

禪其實內涵豐厚，名目繁多

在印度，有外道禪和佛教禪，佛教禪中又有小乘禪和大乘禪，大、小乘禪中又各有許多諸如「四禪」、「實相禪」、「念佛禪」等不同的種類。印度禪傳入中國，又形成了具有中國特色的中國禪，並出現了以禪命宗的佛教宗派「禪宗」。即使是禪宗，除了慧能南宗之外，也還有神秀北宗等其他眾多的派系。

泯滅恩仇

至道無難，唯嫌揀擇；但莫憎愛，洞然明白。

——僧璨禪師·《信心銘》

中國禪宗初祖達摩祖師的墳墓，座落在今天河南省熊耳山的吳坡。歷代的高僧大德都會到這裡來參拜，追慕達摩祖師的遺風。

有一位禪僧十分仰慕達摩祖師，他心甘情願地為其終身守墓。唐代宗時，曾為達摩祖師的墳墓賜頒「圓覺大師空觀之塔」的封號，所以大家稱這位守墓的禪僧為塔主。

一次，譽滿天下的臨濟禪師來到達摩祖師的墓前，他是達摩祖師的第十一代傳人。剛一見面，塔主就問道：「請問長老！法駕光臨，您是先禮佛呢？還是先禮祖呢？」

臨濟禪師說：「我到此地，既不禮佛也不拜祖！」

塔主聽後十分詫異地問：「請問大德，您因何如此輕慢，佛陀及祖師到底與你有什麼冤仇？」

臨濟禪師一聽這話，反問道：「你為佛陀和祖師打抱不平，他們給了你什麼恩惠？」

塔主一時語塞。

許久，塔主才開口說道：「那我該如何自處呢？」

臨濟禪師開示說：「泯滅恩仇，體會佛法平等，才能見到祖師的本來面目。」

塔主又問道：「如何才是佛法平等呢？」

臨濟禪師說：「釋迦佛祖開悟後的第一句話就是：『奇哉！奇哉！一切大地眾生皆有如來智慧之德相，只因妄想執著，而不能證得。』佛與眾生既然皆具佛性，那麼，佛與眾生平等，一切眾生亦平等。」

塔主終於言下大悟。

臨濟禪師早年在黃檗禪師門下習禪，黃檗的「不著佛求，不著法求，不著僧求」的禪境，對臨濟深有啟發。他來到達摩祖師的塔墓，以至尊的無求之禮，契入祖心。塔主卻用差別知見之心看待他，問先禮佛抑或先禮祖，臨濟禪師並不是佛與祖均不禮，而是自性中的佛與祖早就打成一片，所謂佛與祖已無分無別，何必妄加恩仇執著呢？

禪門供奉的諸尊之迦葉

佛陀十大弟子之一。又作摩訶迦葉波、摩訶罽葉、大迦葉、大迦葉波、大迦攝。在佛弟子中，有「頭陀第一」、「上行第一」等稱號。姓婆羅門，父名飲澤，母字香志。與瓶沙王競富，唯讓一犁；共摩竭以爭饒，更逾千倍。積長者之貝玉，祈請樹神；獲貪女之金珠，莊嚴塔像。載誕金光之子，結成金色之妻。果合前緣，深扶宿願。雖為貴偶，乃無欲情。欲求出家，澤志聽許。便投世尊，發弘誓願。上法受戒，清貞守素。無愛無欲；常行頭陀。世尊在日，命坐付衣，常於眾中稱嘆第一。

心念一動，達及十方

拈花有意風中去，微笑無語須菩提。念念有生滅四相，彈指剎間幾輪
迴。輪迴中，心若一動，便已千年。

—禪家妙語

臨濟禪師與鳳林禪帥是一對參禪悟道的好友，有一次鳳林禪師問臨濟禪師
道：「我想向您請教個問題，不知道您是否願意回答我？」

臨濟禪師回答說：「誰都知道鳳林禪師是位大詩人，我可不想自己給自己
挖肉作瘡！不過我對您的問題倒是很好奇，說來聽聽？」

鳳林：「海月澄無影，游魚獨自迷。」

臨濟：「海月既無影，游魚何得迷？」

鳳林：「觀風看浪起，翫水野帆飄。」

臨濟：「孤輪獨照江山靜，長嘯一聲天地秋。」

鳳林：「任將三寸輝天地，一句臨機試道看。」

臨濟：「路逢劍客須呈劍，不是詩人莫獻詩。」

鳳林禪師此時已經無話可說了，於是臨濟禪師吟頌著：

「大道絕同，任向西東；石火莫及，電光罔通。」

後來這句頌詞被溈山禪師看到時，就向仰山禪師問道：「其速度如此快，就連石頭相碰而生的火花都追不上，即使是閃電的光線也不能達到，那先賢又是採用怎樣的方法來教導後生的呢？」

仰山：「老師那您是怎樣想的呢？」

溈山：「只要是能用語言說出來的，都沒有實際意義，」

仰山：「我卻不這樣認為。」

溈山：「此話怎講？」

仰山：「凡是能言說的，都是佛法；凡是佛法，都源於心；人的心念一動，就能達及十方之界，石頭的火，雷電的光，都比不上心快。」

溈山：「確實有理，海月也好，游魚也罷，風浪也好，帆船也罷，靜默的江山，蕭瑟的秋天，詩人劍客，天地機遇，總藏於心中，何關迷悟？何關遲速？」

禪者都比較好問，因為他們對人生、對佛道、對禪心，都充滿疑惑，但做出的回答，常常又所答非所問，看起來答問好像是沒有任何關連，但實際上是環環相扣，節節相連。所謂真理，有時就是同異並存，其實同異、動靜、東西、空有皆一如，迷悟皆一如。

禪宗的「四禪境界」

初禪，放棄食色等欲，心乃得定；二禪，心定而生喜悅；三禪，鎮定情感的喜悅，心靜而有精神的妙樂；四禪，忘卻精神妙樂而泯然寂靜，至於涅槃境界。

拿得起，放得下

一切眾生皆有佛性，皆堪作佛，但因妄想執著，而不能證得。

—《妙法蓮華經》

趙州禪師見地澄澈，證悟淵深，堪為宗門泰斗，叢林範式。時人尊之為「古佛再來」，讚其「眼光爍破四天下」。每出一言，下一句不脛而走，南北稱頌。他的禪風峻烈銳利，喜歡鬥機鋒。凡是學僧有所問，他都會旁敲側擊，從不正面說明，而是要你從另一方面去體會。

一日，一位居士前來拜訪他，臨行時匆忙，忘了帶禮物。

他來到寺院，充滿歉意地對禪師說：「禪師莫怪，我把禮物忘在家裡了，所以空手而來！」

趙州禪師望著居士說道：「既然是空手而來，那就請放下來吧！」

居士不解地問：「禪師！我兩手空空，你要我放下什麼呢？」

趙州禪師立即說道：「那你帶回去好了！」

居士更是不解，著急地說：「我什麼都沒有，帶什麼回去呢？」

趙州禪師道：「你就帶那個什麼都沒有的東西回去好了。」

居士不明白趙州禪師的禪機，滿腹狐疑，不禁自語道：「什麼東西可以帶回去呢？沒有的東西怎麼好帶呢？」

趙州禪師這才方便指示道：「你不缺少的東西，就是你沒有的東西；你沒有的東西，就是你不缺少的東西！」

居士依舊茫然不解，無可奈何地說：「禪師！請您直接告訴我吧！您的機鋒弟子著實不懂！」

趙州禪師更是一臉的無奈，搖了搖頭說：「和你饒舌多言，可惜你沒有佛性，但你並不缺少佛性。你既不肯放下，也不肯提起，是沒有佛性呢？還是不

缺少佛性呢？」

居士至此才稍有契悟。

禪門的人生觀，就像做人一樣，要拿得起放得下。當提起的時候提起，當放下的時候放下。有禪慧的人生，應該是提得起放得下，算得到做得完，看得破撇得開。

拿得起來，放得下，其實對於每個人來說都是能夠做到的。就像趙州禪師和居士的一番對話，居士不能契悟，趙州禪師雖然責怪他沒有佛性，但又慨嘆說：「人，並不缺少佛性啊！居士不過是一時蒙蔽了雙眼，總有雲開霧散時。」世人同樣如此！

五祖山

位於湖北黃梅縣東北。又稱馮茂山。俗稱東山。以禪宗五祖弘忍住此山闡揚禪風而聞名。五祖入寂後，神秀等葬其遺骸於此山。其後，師戒、秀禪師、法演等相續住此山。其中，法演於此建一大叢林，大闡楊岐之宗風，門弟子甚多，圜悟克勤、佛鑒慧勤、佛眼清遠等均出自其門。此外，山之半腹有一真慧寺，乃五祖所開創者。

平常心是道

古德云：「竹影掃階塵不動，月輪穿沼水無痕。」吾儒云：「水流任急境常靜，花落雖頻意自閒。」人常持此意，以應事接物，身心何等自在。

—明·洪應明·《菜根譚》

趙州從諗禪師在他十八歲那年曾經到河南去拜謁過南泉普願禪師，當時南泉禪師正躺在臥榻上休息，看到趙州到來，認為他資歷尚淺，就沒有起身迎接。

趙州垂首在臥榻前站了很久，南泉普願禪師才瞇著眼睛問道：「小和尚，你從哪裡來的啊？」

趙州說：「我從瑞像院來。」

南泉問：「既然從瑞像院來，那麼你見到瑞相了嗎？」

趙州說：「沒有見到瑞相，只看見一尊臥如來。」

南泉禪師聽後，一下子坐了起來，對趙州頗為欣賞，他又繼續問道：「你是有主沙彌？還是無主沙彌？」

趙州答道：「我是有主沙彌。」

南泉又問：「那麼，誰是你的師父呢？」

這時，趙州恭敬地向南泉禪師頂禮三拜，走到南泉的身邊，關切地說道：「冬臘嚴寒，請師父多加保重！」

南泉禪師對趙州的所作所為十分滿意，因為他以行動代替了語言，無需多說，一切盡在不言中。從此，師徒相契，佛道相投，趙州成了南泉禪師的入室弟子。

一天，趙州問南泉禪師：「請問師父，什麼是道？」

南泉答道：「平常心就是道。」

趙州說：「佛法無邊，除了平常心之外，是否還有更高層次的趣向呢？」

南泉說：「如果心中還存有什麼趣向，就會顧前而忘後，有了這邊，失去了那邊；所謂的全面，都是些被扭曲的東西，並不是圓融無礙的道。」

趙州又問：「沒有趣向可循，回顧茫茫，我怎麼知道那就是『道』呢？」

南泉說：「道不屬於知

的範疇。知是一種妄覺，不知則是沒有智慧。得道之人虛懷若谷，無滯無礙。你應該當下體悟，『道』猶如太虛，廓然蕩豁，豈可強說是非？」

趙州聽後，豁然開悟。

趙州禪師從小就聰明穎慧，出言吐語，別有禪味，一句「不見瑞相，只見臥如來」，贏得了南泉的青睞。當南泉問他師出何門時，他不用一般的語言回答，而是用行動表示，頂禮、侍立，用無言說的禪風打動了南泉，成為禪師的入室弟子。趙州參禪，重在自我肯定，自然隨緣，所謂從平常心流露，不做斧鑿，自有一番禪心慧解！

禪門大德趙州禪師（西元778年～西元897年）

法號從諗，是禪宗史上一位震古鑠今的大師。他幼年出家，後得法於南泉普願禪師，為禪宗六祖慧能大師之後的第四代傳人。唐大中十一年（西元857年），年已八十高齡的從諗禪師行腳至趙州古城，受信眾敦請駐錫觀音院，弘法傳禪達四十年，道化大行，僧俗共仰，為叢林模範，人稱「趙州古佛」。

千山走衲僧

趙州八十猶行腳，只為心頭未悄然，即至歸來無一事，始知空費草鞋
錢。

——佛偈

趙州禪師為人疏散不羈，時常過著隨緣、隨喜、隨眾、隨遇而安的生活，
真可謂是「處處無家處處家」。他做了一輩子的雲水僧，直到八十多歲時還在
外面行腳。

一次，他行腳到雲居禪師處，雲居禪師說：「你都這麼大年紀了，還東奔
西跑做什麼？還是找個長居安身的住處安度晚年吧！」

趙州禪師聽後，裝作什麼都不懂似地問道：「哪裡才是我長居安身的住處
呢？」

雲居禪師舉起手來向前指了指說：「山前有一處荒廢的古寺，你找幾個泥
水匠把它修葺一新，在那裡居住也不錯。」

趙州不以為然，反問道：「既然那裡是個好去處，你為什麼不自己去住
呢？」

還有一次，趙州禪師在路上遇到茱萸禪師，茱萸禪師也勸他說：「你年
紀這麼大了，仍然不辭辛苦地到處雲遊行腳，還是找個地方住下來安心修行
吧！」

趙州禪師感慨地說道：「你說什麼地方可以給我住下來安心修行呢？」

茱萸禪師大聲說道：「我不想和你鬥嘴！你這麼大年紀了，連自己的住處都不知道，像你這樣說話可以嗎？」

趙州禪師聞聽此言，不由得哈哈大笑著說：「我趙州三十年來足跡遍及大江南北，隨緣生活，想不到今天卻被驢子踢了一腳。」

趙州禪師在沒有行腳之前，曾經有個僧人問他：「將來劫火焚燒的時候，四大五蘊的身體能被毀壞嗎？」趙州答道：「能！」僧人又問：「既然身體會壞，那就隨他去了？」趙州答道：「隨他去！」僧人對趙州的回答有些迷惑和懷疑，趙州自己也猶豫起來，所以就遍歷山川，到處行腳，訪師決疑，所謂：「一句隨他語，千山走衲僧。」趙州年八十歲，仍行徑百邑，以求抉擇去疑痛快而已。所謂：「來時自有去處，動中自有靜趣。」趙州四處雲遊，其實早就找到了長久的住處。

「禪」屬於「定」法之一種，可以包括在「定」之中。但嚴格地說，「禪」與「定」又不完全一致。「定」為梵文Samadhi的意譯，音譯為「三昧」或「三摩地」等，《俱舍論》卷四將它定義為「心一境性」，即心專注一境而不散亂。因此，「定」的涵義比較寬泛，一切息慮凝心之法都可稱之為「定」。

自古艱難唯一忘

善男子！一切障礙，即究竟覺。得念失念，無非解脫。成法破法，皆名涅槃。智慧愚癡，通為般若。菩薩外道所成就法，同是菩提。無明真如，無異境界。諸戒定慧及淫怒癡，俱是梵行。眾生國土，同一法性。地獄天宮，皆為淨土。有性無性，齊成佛道。一切煩惱，畢竟解脫。

—《圓覺經》

趙州禪師，是宗門巨擘，一次他問溈山靈佑道：

「歷代禪宗祖師的意圖都是什麼？」

溈山禪師叫侍者把椅子拿過來，兩人坐下交談。

趙州禪師又說：「自從我做了一寺之主，還不曾見過一位實實在在的禪者。」

恰逢此刻，有一位學僧也在他們旁邊，於是問趙州禪師道：

「假設你碰見真正的禪者，你將會怎樣呢？」

趙州禪師說道：

「一支弓箭如果有一千鈞的力量，那一定不會為了打一隻水溝裡的老鼠而發射。」

學僧又問：「什麼樣的人才是佛的老師呢？」

趙州禪師語氣平和的說道：「南無阿彌陀佛。」

學僧繼續追問道：「南無阿彌陀佛是誰呢？」

趙州禪師以同樣的口氣答道：「南無阿彌陀佛就是我的弟子。」

學僧就把趙州禪師說的話對長慶禪師說了，並問道：「趙州禪師說南無阿彌陀佛是他的弟子，他是在引導對方，還是想放棄對方呢？」

長慶禪師說：「如果你向這兩個方面探索，你就明白不了趙州的真義了。」

學僧道：「那什麼才是趙州的真義呢？」

長慶禪師最終只彈出一指。學僧還是不明其真義，又繼續跟從趙州參問。

又有一次，趙王邀請趙州禪師為他說法，可是趙州禪師登上說法的寶座，不說法卻開始誦經。學僧在旁疑惑的問道：「老師，人家是請您說法的，您為什麼誦經呢？」

趙州禪師責備道：「難道佛門弟子誦經是錯誤的嗎？」

還有一次，趙州禪師在大家都誦經的時候，他卻忽然停止誦經，端坐不動。

學僧就提醒道：「為什麼老師您在此時不誦經了呢？」

趙州禪師道：「多虧你提醒我說『誦經』，不然我幾乎都忘掉了。」

在禪門古德之中，趙州禪師是一位非常風趣的人物，他不會因為一隻水溝裡的老鼠發射他的弓箭，他自稱是南無阿彌陀佛的師父，別人請他說法他卻誦經，別人都在誦經他卻沉浸在禪思之中了。他並不是故意與他人唱反調，趙州禪師是要超越對待，並且他要做到一個「忘」字，禪者要做到「忘你、忘我、忘情、忘境、忘是、忘非、忘有、忘無」，「自古艱難在一忘」，誠然也。

禪門供奉的諸尊之阿難

佛陀的十大弟子之一，為梵語Ananda的音譯。意為「歡喜」、「喜慶」，原是釋迦牟尼佛的堂弟，後跟隨佛陀出家，佛陀五十五歲時，選阿難為常隨侍者，當侍者達二十五年。因為他專注地服侍佛陀，謹記無誤佛的一言一語，因此被稱為「多聞第一」。佛滅後第一結集由阿難誦出三藏中的經藏。佛祖涅槃後，大迦葉尊者成為「初祖」統領廣大佛家弟子，大迦葉圓寂後，阿難尊者繼承迦葉率領徒眾宏揚佛法，被後世尊成為「二祖」。在寺院中，阿難與迦葉總是侍立在佛祖的兩邊，成為佛祖的協持。

好事不如無事

忽睹天際彩雲，常疑好事皆虛事；再觀山中閒木，方信閒人是福人。

—明·洪應明·《菜根譚》

在趙州（今河北趙縣）有一位高僧叫從諗禪師。他年幼時就孤僻不合群，厭煩世俗之樂，稍大些就離開父母，到龍興寺落髮出家。

有一次，從諗禪師提起一句禪話道：「佛是煩惱，煩惱是佛。」

學僧們非常不理解，因而紛紛向從諗禪師求解，學僧們問道：「不知佛在為誰煩惱？」

從諗回答道：「為一切眾生煩惱！」

學僧們又追問道：「怎麼才能免除這些煩惱呢？」

從諗非常嚴肅地責問學僧們道：「免除煩惱做什麼？」

又有一次從諗禪師見他的弟子文偃在禮佛，就用柱杖點了他一下，問道：「你在做什麼？」

文偃答道：「禮佛！」

從諗斥責道：「佛是用來禮的嗎？」

文偃道：「禮佛也是好事。」

從諗道：「好事不如無事。」

煩惱是佛，佛是煩惱，佛菩薩是真有煩惱嗎？不是的！佛菩薩是為一切眾生而煩惱。無論是行化苦海的觀音，還是降誕娑婆的佛陀，甚至是地獄不空誓不成佛的地藏菩薩，他們佛菩薩悲憫眾生，苦心修行，免除眾生的煩惱，又是為了什麼呢？

禮佛雖然是件好事，但卻不要執著此「好事」—功德，無事才是真正的好事。

阿羅漢

梵語意譯，為小乘佛教修證的最高果位，也叫「羅漢」。「阿羅漢」有三義：其一曰「殺賊」，殺滅煩惱之賊；其二曰「應供」，謂應受人天供養；其三曰「無生」，謂不再受生死輪迴的束縛，已達不生不滅的境界。

諸佛法身遍虛空

凡所有相，皆是虛妄。若見諸相非相，則見如來。如來者，無所從來，亦無所去，故名如來。

—《金剛經》

一次，馬祖道一禪師在打坐時，忍不住朝佛像身上吐了一口痰，侍者見狀，大驚失色地說：「老師！你怎麼能把痰吐在佛像上面呢？難道你不怕佛祖怪罪嗎？」

道一禪師咳嗽了幾聲，反問侍者說：「虛空之中，到處都有佛的法身，我現在還想吐痰，你來告訴我，我這口痰應該往哪裡吐？」

侍者腦袋裡一片茫然，不知如何回答。

還有一次，道一禪師生氣地朝虛空吐了一口痰。

侍者不解地問道：「老師！你為什麼如此生氣？」

馬祖禪師翻了翻眼睛說：「我在這裡打坐，虛空之中，山河大地森羅萬象都顯現在眼前，看得叫人覺得厭煩，所以我就忍不住吐了一口痰。」

侍者說：「那都是修證的瑞相，是大好事啊！老師為什麼要厭煩呢？」

馬祖道：「對你來說固然是好事，可是對我而言卻是很討厭的！」

侍者更是一頭霧水，茫然不解地問道：「這是什麼境界？」

馬祖朗聲答道：「菩薩境界！」

「菩薩境界……」侍者皺起了眉頭。

「你不懂嗎？」馬祖眼光冷冷地逼視著侍者。

「弟子愚鈍，望師父明示。」侍者惶恐不安地說。

馬祖道：「因為你是人，不是菩薩。」

侍者似有所悟地反駁道：「菩薩不是名為覺有情嗎？」

馬祖大聲呵斥說：「你是一個拘謹不覺的傻瓜，怎能稱得上覺有情？」

直到這時，侍者才有所體悟。

人們尊敬佛像，以為佛像就是佛的法身，其實並沒有真正認識佛。佛的法身遍滿虛空、充實法界，處處有佛，豈不聞「舉頭三尺有神靈」。馬祖將痰吐在佛像身上，表示他已經認識諸佛的法身，是盡虛空遍法界的。

一般人打坐參禪，都想見到瑞相，以增加自己修持的信心，馬祖卻討厭所見，表示他要滅除宇宙間的差別現象而歸於平等，滅除人我對待而歸於統一。侍者拘於俗見，難怪要被斥為不覺的傻瓜了。

三界

在佛法中我們將這個世間分為三界，又稱為九地，其中欲界稱為散地；色界和無色界稱為定地，要進入此二界，必定要依靠禪定；但是在欲界中，比如要進入兜率天、忉利天等就不須靠定力，只要積極努力的修集各種的福德因緣即可。

一子出家，九族升天

佛告諸沙門：睹世無孝，唯斯為孝耳。能令親去惡為善，奉持五戒，執三自歸，朝奉而暮終者，恩重於親乳哺之養，無量之惠。若不能以三尊之至，化其親者，雖為孝養，猶為不孝。

—《孝子經》

黃檗禪師的母親很疼愛他，從小把他撫養長大。當黃檗禪師的善根逐漸成熟時，便拜別了母親，出家修行。母子之情是天性，是連心的，黃檗禪師畢竟是有感情的人，活生生地割捨了母子親情，心裡不免充滿了無限的哀傷與痛苦。

黃檗禪師落髮出家後，便發起勇猛精進的菩道心，到處參訪善知識，為求開悟本性而奮發圖強，後來參訪到百丈懷海禪師處，求得大道。自從得道悟性之後，就到處弘揚如來正法。

黃檗禪師的母親，自從兒子皈依佛門後，因傷心過度，哭瞎了雙眼，行走日益困難，整日倚門盼他歸來。為了能夠見到兒子，母親就在路旁設了一個司茶亭，不但親自招待過往的雲水僧飲茶，還把他們迎到家中，為他們洗腳，以示禮敬。黃檗禪師左腳上有顆大痣，母親想透過洗腳的機遇，辨認出誰是他的愛子。黃檗禪師也曾接受過母親的招待，但他只將右腳給母親洗，在母親幫他洗腳的時候，他向母親敘述佛陀出家的故事，希望母親能夠安心。

一日，村裡人告訴她說：「妳那出家的孩子，在我們村裡的寺廟掛單，那

個向妳講佛陀出家故事的僧人就是妳的兒子！」

母親聽後，拔腿就往外跑，一直追到大河邊，這時黃檗禪師所坐的船也開動了，母親無法看清道路，情急之下一頭栽進了河裡，不幸被淹死了。

黃檗禪師眼睜睜地看到母親失足落水，不幸溺死的情形，不禁悲從中來，頓足捶心地哭著說道：「一子出家，九族升天；若不升天，諸佛妄言。」

黃檗禪師說完，立即返回到對岸，火葬母親，並說了一偈：

我母多年迷自心，如今花開菩提林，

當來三會若相值，歸命大悲觀世音。

在黃檗禪師說偈的時候，母親在火焰中升空而去。

所謂孝順有三：甘脂奉養，是為小孝；光宗耀祖，是為中孝；渡其靈識超升，才是大孝。禪師渡母乃大孝中之大孝也。

禪

本來是古印度十分流行的一種宗教修行方法，往往與「定」合稱，指透過心注一境而使心處於寧靜思慮的狀態以觀悟特定的事物或義理的思維修習活動。做為一種修行方式，禪定並非始於佛教，而是淵源於古印度的瑜伽術。

義學沙門尋羚羊

智者無為，愚人自縛。法無異法，妄自愛著。將心用心，豈非大錯？
迷生寂亂，悟無好惡。一切二邊，良由斟酌。夢幻空花，何勞把捉？
得失是非，一時放卻。眼若不睡，諸夢自除。心若不異，萬法一如。
一如體玄，兀爾忘緣。萬法齊觀，歸復自然。

—《五燈會元·卷一》

黃檗禪師幼年就失去了父親，他長得相貌奇特，迥異常人，額間隆起一個肉珠，言辭朗潤，倜儻不羈。

他在黃檗山出家，不久便去天台山遊學參方。

一日途中，遇見一位奇異的僧人，和他搭話，兩人談笑自若，如同舊時的好友。黃檗禪師上下打量了一下對方，發現此人目光炯炯，令人不可逼視。

二人相約前行，在經過一處山澗的時候，適逢下雨，河水暴漲。黃檗禪師摘下斗笠，拐杖而立。正在猶豫之間，那個僧人卻走上前來，拉著黃檗禪師的袖子要和他一起渡過溪澗。

黃檗禪師說：「如果你想渡，你就自己渡好了，何必拉著我呢？」那個僧人聽了，隨即撩起衣服，凌波而過，如履平地。他上了對岸，回過頭來招呼黃檗道：「渡來！渡來！」黃檗禪師忿然說道：「咄！這自了漢。我要是早知道你如此，就會把你的腿給砍下來！」那個僧讚嘆道：「真是大乘法器，我所不

及。」說完就不見了。

　　一天，黃檗禪師托鉢行乞來到一戶農家的門口。這時，柴門裡傳來一位老婦人的呵斥聲：「你太貪得無厭了，還想要什麼！」黃檗禪師聽後十分納悶地問道：「你沒有佈施給我任何東西，卻呵責我貪得無厭，這是什麼道理？」老婦人笑而不答，只是將門輕輕地關上。黃檗禪師感到很詫異，於是推門進去，向老婦人請教，很受啟發。臨行前，老婦人指點黃檗禪師前往南昌參拜百丈禪師。

　　黃檗禪師趕到南昌。

　　百丈禪師問道：「巍巍堂堂，從何方來？」

　　黃檗禪師說：「巍巍堂堂，從嶺南來。」

　　百丈禪師問：「巍巍堂堂，當為何事？」

　　黃檗禪師道：「巍巍堂堂，不為別事。」說完便禮拜。

　　過了一會兒，黃檗禪師又問：「從上宗乘，如何指示？」

　　百丈禪師默然良久。

　　黃檗禪師道：「不能讓你的法門將來斷子絕孫啊！」

　　百丈禪師道：「我還以為你是個人物，沒有想到也是這樣粗淺的見識！」說完站起身來，回方丈室去了。黃檗禪師緊跟在後面說：「某甲特來。」

　　百丈禪師說：「如此，則日後不得辜負我。」

從此，黃檗禪師得悟大道。

一天，有五位學僧來到黃檗禪師處參學，初次見面其他四人全都虔誠懇切地作禮，只有一個人昂然直立，標榜自己是一個禪者。他就提起坐具，僅僅做一個圓相，就一句話不說，站立在一旁。

黃檗禪師見狀就對這個學僧說：「我看見一隻非常兇惡的獵犬迎面而來！」

這個學僧應聲答道：「牠一定是循著羚羊的叫聲而來的。」

黃檗說：「你聽到羚羊的叫聲了嗎？」

學僧道：「那一定是順著羚羊的足跡來的。」

黃檗說：「你看到羚羊的足跡了嗎？」

學僧道：「那一定是跟在羚羊後面來的。」

黃檗說：「如此說來，你看到羚羊的蹤影了？」

學僧道：「那不過是一隻死羚羊而已。」

黃檗禪師揮手讓他們退下。

第二天，禪師在法堂裡仍然舊事重提，他大聲說道：「昨天找羚羊的那個小子出來！」

學僧快步走出。

黃檗說：「昨日公案沒有完結，你怎麼來解說呢？」

學僧一時語塞，手足無措。

黃檗嘆了口氣，失望的說：「本以為你是個禪門的高僧，原來不過是一個義學沙門，知解宗徒。」

禪，講究的是悟，並不是學來的。知識可以學，禪卻無法學。自古禪僧，雖然舉止怪異，言談奇特，但怪異中有真實，奇特中有常理。禪悟是從心裡自然的流露，任何做作的行為都是違反禪宗主旨的。

禪門供奉的諸尊之彌勒佛

他原是天竺南部人，其姓彌勒，在古天竺語中是慈和、慈祥的意思；其名阿逸多，是無人能勝、無往而不勝的意思。出身於婆羅門貴族家庭。他跟隨釋迦牟尼傳道，受盡磨難，終於修成正果，立地成佛。彌勒是僅次於釋迦牟尼佛位尊的、處於續補地位的佛，在「賢劫千佛」中排行第五。彌勒在西方的兜率天內院經歷了四千佛歲（合人間五十六億七千萬年）的劫難，於西元前五百餘年輪迴下生人間，輔弼釋迦牟尼。後來，他因緣已盡，跳出三界，在「華林園華林樹下」，以「三會之說法」化了一切，成「天人正覺」。此尊最著名的功法便是「慈心三昧」，他是佛教中的「未來佛」。

要眼珠

雷電喧轟海嶽昏，一家愁閉雨中門。狂風忽起烏雲散，白日滿天星斗分。

—宋・保寧仁勇禪師

洞山整理好行裝正式向師父辭行，師父問：「你想到哪裡去啊？」

洞山說：「弟子想換個地方去參學，一缽千家飯，孤僧萬里遊。至於去什麼地方，弟子也沒有一個明確的目標。」

師父提示他說：「到湖南去看看吧！」

洞山說：「我不想去那裡。」

師父問：「難道你想回家嘍？」

洞山說：「弟子並沒有回家的打算。」

師父知道洞山心中已有主宰，也不想多問，長嘆一聲說道：「你離開此地，法界寬廣，茫茫人海，不知何時才能見面！」

洞山說：「只要心有靈犀，雖億劫相別，其實也是剎那不離的。」說完後就辭別了師父。

洞山輾轉來到雲巖禪師那裡，拜在禪師的法席下聆聽教誨。

一天，雲巖禪師在寺院裡悠閒地編織草鞋，洞山正好從他身邊經過。

洞山一見面就說：「老師！我想跟您要一樣東西，不知可不可以？」

雲巖禪師仰著頭說：「你想要什麼，說來聽聽！」

洞山不客氣地說道：「我想要老師的眼珠。」

雲巖禪師聽後絲毫沒有生氣，反而笑瞇瞇地說：「要眼珠？你自己不是有眼珠嗎？」

洞山嘆了一口氣說：「我哪裡有什麼眼珠啊！」

雲巖禪師淡淡一笑，站起身來，將手放在洞山的肩膀說：「如果你有眼珠，將如何安置？」

洞山無言以對。

雲巖禪師皺了皺眉，十分嚴肅地說：「我想你要的眼珠，應該不是我的，而是你自己的吧？」

洞山這時又改變了口氣說：「其實我要的並不是眼珠。」

雲巖禪師對這種前後矛盾的說法異常生氣，不由得對洞山大喝一聲道：「你給我出去！」

這時，洞山卻跪在地上，萬分誠懇地說：「弟子可以出去，只是我沒

有眼珠，看不清道路。」

雲巖禪師用手摸了摸自己的胸口，說道：「我早就給你了，難道你看不到嗎？」

洞山終於當下省悟。

洞山向雲巖禪師索取眼珠，雲巖禪師提示出了「心眼」的妙道，洞山才有所契悟。由此可見，肉眼雖然可以觀看到世間萬象卻無法觀察宇宙萬有的本體，只有脫離表象，才可以發現真理。

瑜伽

為梵文的音譯，意謂「結合」，「相應」，即透過靜坐、調息來控制自己的心理活動，使精神專注，以達到人神（個體意識與宇宙精神）相應冥合之境。

五蘊山上無真我

行深般若波羅蜜多時，照見五蘊皆空，度一切苦厄。舍利子，色不異空，空不異色；色即是空，空即是色。受想行識亦復如是。

—《般若波羅蜜多心經》

一次，雲居禪師很晚才從外面回來，洞山禪師看到後不由得臉色一沉，責備他說：「你不在禪堂用功，跑到哪裡去了？」

雲居禪師回答道：「我去爬山了！」

洞山禪師一愣，吃驚地說：「爬山？爬哪一座山？」

雲居禪師說：「沒有一座山值得我爬！」

洞山禪師這才明白，他在與自己打機鋒，頓時來了興趣。

洞山禪師問道：「你的意思是說，所有的山你都已經爬過了嗎？」

雲居禪師說：「並非如此！」

「那麼你總得找個出路呀！」洞山禪師說道。

雲居禪師說：「沒有出路。」

洞山禪師問：「假如你沒有出路，又如何與我相見呢？」

雲居禪師說：「如果我有出路，我早就和你比鄰而居了！」

不久，洞山禪師又一次對雲居禪師說：「你到哪裡去了？」

雲居禪師依舊回答說：「我去爬山了！」

洞山禪師進一步問道：「有沒有爬到山頂呢？」

雲居禪師至誠地回答道：「我爬到頂峰了！」

「山頂上有人嗎？」洞山禪師接著問道。

雲居禪師只好如實回答說：「沒有看見！」

洞山禪師用嘲笑的口吻說：「事實上，你根本就沒有爬上山頂！」

「如果我沒有爬上山頂，我怎麼會知道山頂上沒有人呢？」雲居禪師不服氣地爭辯道。

洞山禪師問：「你為什麼不暫住那裡呢？」

雲居禪師道：「我並非不願意住在那裡，只是那裡的人不讓我住！」

洞山禪師哈哈大笑著說：「我早就知道你到過那座山頂了。」

雲居禪師時而說山上無人住，時而說山上的人不准他住，其實，這種說法並不矛盾。五蘊山上哪裡有真我？五蘊山上哪裡准真我常住？在世俗人的眼裡，有和無是截然不同的兩面，可是在禪者的眼中，有和無並不是對立的，它們只是一物兩面，並沒有鴻溝，能把有和無調和起來認識，是禪者的大智慧。

浙江杭州中天竺寺

在杭州西湖的天竺山和靈隱寺之間，有三座天竺寺。在稽留峰以北的寺院，稱為中天竺寺。天竺在歷史上是杭州的佛國，天竺三寺香火極盛。中天竺初建寺於隋朝，吳越時名崇壽院。北宋時賜名為「天寧萬壽永祚禪寺」；南宋高宗曾賜佛像，置於寺中的華嚴寶閣，並增擴殿宇；明朝賜號「中天竺禪寺」。南宋寧宗皇帝，將其列為天下禪宗五山十剎之第一剎。

野狐禪

假使百千劫，所造業不亡，因緣會遇時，果報還自受。

—古德禪師

　　百丈懷海禪師早年在廣東潮陽西山依慧照禪師落髮，又到衡山依法朗受具足戒，隨後又前往盧江浮槎寺閱藏。當時馬祖道一在南康弘法，百丈懷海禪師慕名前往參學，成了道一門下首座，侍奉師父六年之久，最終得到了印可。不久有檀越請百丈懷海禪師前往洪州新吳大雄山去弘法，並另創禪林。那裡水清山靈，山岩兀立千尺許，故號百丈岩。不久四方禪客雲集，以黃檗希運、溈山靈佑為上首，從此百丈叢林門風大盛。在禪宗史上，有「馬祖創叢林，百丈立清規」的說法，可見百丈懷海禪師對禪門的貢獻。

　　百丈禪師每次上堂，都會看到一個老者隨眾聽法。

　　一天，百丈禪師說法完畢，僧眾全都退去，只有這個老者依舊逗留在原處，一副欲言又止的樣子。

　　禪師問道：「立者何人？為什麼在此地躊躇？」

　　老者回答說：「我並不是人，而是一隻野狐狸，在五百年前曾住此山。過去曾在這裡修行，一位學僧問：『大修行人還落因果否？』我脫口說道：『不落因果！』結果墮在野狐身，今天請禪師代一轉語，希望能脫野狐之身！」

　　百丈禪師聽後，慈悲地說道：「但問無妨！」

老者合掌問道：「大修行人還落因果否？」

百丈禪師答道：「不昧因果！」

老人於言下大悟。作禮告辭說：「我已經脫去五百世狐身之苦，屍首就在山後，還望師父依亡僧禮燒送。」

次日百丈禪師帶領眾僧到後山尋找亡僧，在石岩之下的洞穴裡找到一隻死

去多時的黑毛大狐狸。齋後按送亡僧之禮火化。

這隻落入畜生道的野狐精，就因為修佛法的證量不究竟、不圓滿，還沒有開悟明心見性，就憑自己妄有的思維，不懂裝懂地指點其他修佛之人，而付出了慘痛的惡果報應。佛教的修因證果，正是因果律的體現。野狐認為修行之人可以不落因果的窠臼，恰恰是陷入了邪見，屬於「大妄語」，結果受了「野狐身」之報。

百丈禪師的「不昧因果」，實乃至理名言，因為即使是諸佛菩薩到世間來也會受果報的，雖受果但他清楚、他明瞭。知道果報是什麼原因引起的，是哪一世、哪一生、哪一劫造的。大修行人雖受果報，既不起心也不動念。故無門禪師曾有頌云：

不落不昧，兩採一賽；

不昧不落，千錯萬錯！

唐朝的宗密在《禪源諸詮集都序》中根據佛教的義理把禪分為五大類：認為有計較執著，帶著喜樂或厭惡的感受而修的禪是外道禪；正信因果，但仍帶有喜樂或厭惡之心的是凡夫禪；能悟「我空」之佛理而修的禪是小乘禪；能悟「我、法兩空」之佛理而修者，是大乘禪；而頓悟自心自性的，則是最上乘的如來禪。

佛心的迴響

常行十善，天堂便至，除人我，須彌倒；去邪心，海水竭；煩惱無，波浪滅；毒害忘，魚龍絕。自心地上，覺性如來，放大光明，外照六門清淨，能破六欲諸天。自性內照，三毒即除，地獄等罪，一時消滅，內外明徹，不異西方。不做此修，如何到彼？

—《六祖壇經》

盤珪禪師說法時不僅淺顯易懂，而且常常在結束之前，當場解說信徒提出來的疑難問題。因此，不遠千里慕道而來的信徒絡繹不絕。

一天，有個信徒向盤珪禪師請示說：「我天生就有氣短心急的毛病，曾多次受到師父的指責，我也想知錯就改，可是心急已成為習氣，始終沒有辦法糾正過來。請問禪師，我該如何改正呢？」

盤珪禪師微笑著說：「是怎麼一個『天生』法？你把它拿出來給我看，我幫你改掉。」

信徒說：「現在不會心急，只有碰到事情，那『天生』的性急暴躁才會跑出來。」

盤珪禪師依舊笑著說：「看來你心急的毛病，時有時無，不是習性，更不是天性；本來沒有的，而是你觸境而生的。你說是天性，是父母生給你的，實在是太不孝了；父母生給你的只有佛心，沒有其他的東西！」

信徒經此開示，會意過來，再也不輕易的發脾氣了。

盤珪禪師對待學人，不說佛法，也不說禪法，只是要求他們具有佛心和高尚的道德。

盤珪禪師圓寂後，一個住在寺院隔壁的盲人對他的弟子說：「我雖然看不到別人的臉孔，卻能根據他的說話聲判斷出他的性格。通常，我不但可以在祝福聲中，聽出人們嫉妒的聲氣；還可以從安慰的話語中，探出人們得意和滿足的聲氣。可是，在我所有的體會中，盤珪禪師對人說話的口氣始終是真誠無偽。每當他向人宣示快慰之情時，我只聽到快慰的聲音；而當他向人一吐愁腸時，我只聽到愁苦的聲音。禪師的話，完全是真情的流露，是一顆佛心發出來的迴響。」

盤珪禪師的弟子聽後，不禁淚流滿面地說：「我們老師的佛心，不是父母生的，是他原本就有的。」

把一切好的都歸之於父母生的，這會失去自己的本性；把一切壞的都歸之於父母生的，是推卸責任的表現，同時又是對父母的大不敬。好與壞，是習性，不是本性，既非與生俱來，也非父母所生。如果有人問：「佛陀是誰生的？」如果你回答說：「佛陀是摩耶夫人生的。」就大錯而特錯了。太子悉達多是摩耶夫人生的，佛陀卻是從般若生也，所謂「般若為三世諸佛之母」，即此義也。

禪門供奉的諸尊之賓頭盧尊者

賓頭盧譯曰不動，是名字；頗羅墮譯曰利根，是姓氏；簡稱賓頭盧尊者。他奉釋迦佛之命常住世間應末世供，給眾生種福，所以他是福田第一。

我也可以為你忙

眾生渡盡，方證菩提；地獄未空，誓不成佛。

—地藏的大願

大智和尚出外參學二十年後返回寺院，看見老師佛光禪師依舊精神煥發，神采不減當年，於是關切地問：「這二十年來，您老人家一向可好？」

佛光禪師拉著大智的手說：「難得你如此掛念，為師每天都很快樂，寫書、開示、講學、說法，世上再也沒有比這更欣悅的生活了。」

大智很擔心師父的身體，勸禪師說：「您應該注意休息，嚴冬將至，小心著涼！」

禪師說：「夜深了，你走了這麼遠的路，還是早些休息吧！有話明天慢慢談。」

三更天剛過，大智就隱隱聽到師父的禪房傳出陣陣誦經聲。

天亮後，大智好不容易看到師父有一點空閒，於是趕緊上前去問：「分別這二十年來，您每天都這麼忙，我怎麼感覺不到您老呢？」

佛光禪師笑著回答說：「我沒有時間老呀！」

克契在一旁說：「我蒙師父教誨已經有十二年了，師父總是這樣忙碌。」

佛光禪師轉過頭說：「你來此學禪，這麼久了為什麼不向我問道呢？」

克契答道：「老師每日操勞，學僧實在不敢打擾。」

佛光禪師默然不語。

時光荏苒，一晃過了三年。

一天，佛光禪師在路上遇到克契，又問他說：「你在參悟的過程中，有什麼不明白的問題，我們可以相互討論。」

克契說：「老師很忙，學僧不敢隨便和您講話！」

又過了一年，克契在經過佛光禪師禪房時，禪師對他說：「你過來一下，我今天有空，我們可以談談。」

克契急忙合掌作禮說：「老師很忙，弟子不敢隨便浪費您老的時間。」

佛光禪師說：「學道坐禪，要不斷參究，互相切磋，反而提高的更快。」

克契禪僧仍然謙虛地說：「老師，您還是忙著吧！學僧就不便打擾了。」

佛光禪師當下大聲喝道：「忙！忙！為誰在忙呢？我也可以為你忙呀！」

禪師一句話就打動了克契，他立刻言下開悟。

禪的本來面目，就是直下承擔！該修道的時候修道，該吃飯的時候吃飯。問的時候有的放矢，答的時候一語中地，不可以在似是而非的圈子裡轉來轉去！「我可以幫忙，為什麼不要我幫忙呢？我為什麼不能為你忙呢？」贈人以玫瑰，手留餘香。人我，何必要分得那麼清楚！

曹洞宗

由洞山良价與其弟子曹山本寂創立，良价禪師治所在今江西宜春境內宜豐縣洞山，良价的弟子本寂（西元840年～西元901年）在豫章洞山（今江西境內）普利院學法數年，後到曹山（今江西宜黃境內）弘揚師法，遂使宗風大舉。由於良价住洞山，本寂居曹山，所以禪林中把師徒兩人創立、弘揚的新禪宗稱為「曹洞宗」。

非心不問佛，問佛非不心

夫百千法門，同歸方寸，河沙妙德，總在心源。一切戒門、定門、慧門，神通變化，悉自俱足，不離汝心。一切煩惱業障，本來空寂。一切因果，皆如夢幻。無三界可出，無菩提可求。人與非人，性相平等。大道虛曠，絕思絕慮。如是之法，汝今已得，更無闕少，與佛何殊？更無別法，汝但任心自在，莫做觀行，亦莫澄心，莫起貪嗔，莫懷愁慮，蕩蕩無礙，任意縱橫，不做諸善，不做諸惡，行住坐臥，觸目遇緣，總是佛之妙用。快樂無憂，故名為佛。

—《祖堂集·卷二》

四祖道信大師善觀異象，得知牛頭山有異人，於是入山一探究竟。

一天，他來到幽棲寺，遙觀氣象，得知奇人就在此處。

道信大師推開禪房，看見法融禪師，端坐觀心，對他不理不睬，真是自在無礙。

大師問道：「大德端坐於此，不知在做些什麼？」

「觀心。」法融緩緩地說道。

「觀是何人？心是何物？」道信大師高聲問道。

「這個……」法融一時語塞，方知來者必是高人，急忙起身作禮說：「大德高棲何所？」

「貧道居無定所，或東或西。」

法融又問：「您認識道信禪師嗎？」

「貧僧便是。」道信大師手拈鬚髯，微微一笑。

法融帶著大師繞庵而行，只見虎狼縱橫山野，吼聲震天。道信大師舉起兩手顯得十分害怕。

法融說：「猶有這個在？」

「這個是什麼？」道信大師問道。

法融又一次無言以對。

過了一會兒，道信大師來到法融盤坐的石上寫了一個「佛」字，法融看後悚然驚心！

道信大師反問道：「猶有這個在？」

法融仍未曉悟，於是稽首請大師說法要。

道信大師說：「百千法門，同歸方寸，河沙妙德，總在心源。」

法融問：「何者是心？何者是佛？」

道信大師說：「非心不問佛，問佛非不心。」

法融又問：「既不許做觀行，於境起時，心如何對治？」

道信大師說：「境緣無好醜，好醜起於心，心若不強名，妄情從何起？妄

情既不起，真心任偏知。汝但隨心自在，無復對治，即名常住法身，無有變異……」

法融因此得法，創立了牛頭宗。

一天，道信大師在路旁看見一個女子帶著一個小男孩在乞討。小男孩長的骨骼清奇，相貌不凡，大師暗暗稱奇。

大師走上前去問小男孩說：「你有姓嗎？」

「我有姓，但不是俗姓。」小男孩說。

「是什麼姓呢？」

「是佛性。」

道信大師心裡一驚。

「你沒有姓嗎？」大師又問道。

「性空故無。」

道信大師默然不語。過了一會兒，他向女子請求說：「女施主，可否讓這個孩子皈依佛門？」女子認為這是因緣際會，便很高興地答應了。

回寺後，道信大師為小男孩剃度，取法名弘忍，是為紹法第五祖。

天王殿

又稱彌勒殿，是佛教寺院內的第一重殿，殿內正中供奉著彌勒佛塑像，左右供奉著四大天王塑像，背面供奉韋馱天塑像，因此得名。天王殿最初多見於淨土宗寺院，中國禪宗本不供彌勒。但兩宋之後中國佛教出現禪淨雙修的局面，天王殿開始出現在大部分中國寺院裡。

未到曹溪亦不失

人性本淨，為妄念故，蓋覆真如。離妄念，本性淨。

—《壇經》

石頭希遷禪師是唐朝禪僧。俗姓陳，廣東省高要縣人。年輕時就沉毅果斷，自信力強。

在他十二歲那年，遇到六祖慧能大師。當時六祖大師住在廣東曹溪，而石頭希遷又是廣東人，所以六祖一見到他，就十分高興地說：「我想收你為徒，不知你願不願意？」

「好啊！」石頭希遷更是喜形於色。

不幸的是，剛剛過了三年，六祖就圓寂了。

在六祖坐化之前，石頭希遷曾問老師說：「不知老師百年以後，弟子將依靠誰？」

「尋思去！」六祖告訴他說。

石頭希遷把「尋思」誤解為「用心去思量」，於是整日費盡心思地去參禪，後來有一位上座提醒他說：「你誤解了！師父告訴你『尋思去』，是叫你投奔師兄行思禪師，他在青原山弘法，你應該去找他。」

石頭希遷聽後，立即動身前往。

當他風塵僕僕地趕到青原山時，行思禪師早已在此等候多日了。

看到他來，便劈頭問道：「你從哪裡來？」

石頭希遷回答說：「我從曹溪來！」

意思是說我從師父六祖大師那裡來的，我也是他的弟子，你可不能小看我。

行思禪師又問道：「你從曹溪那裡帶來了什麼？」

石頭希遷說：「在沒到曹溪之前，原本就未曾失落過什麼。」

「既然沒有失去什麼，那你又何必去曹溪呢？」行思禪師進一步問道。

石頭希遷坦然答道：「假如沒有去曹溪，如何知道沒有失去呢？」

在這番簡短的問答裡，可以想石頭希遷直下承當，自信之切。在禪者之間的許多對話裡，其中的意義，有些並不直接明白地說出，這就是禪宗的暗示教學法。

但我們應該知道自己心中有一個從未失去的無盡寶藏，那就是自身本具的佛性。

開天眼

佛家稱之為天眼通，亦稱天眼證智通，照佛家的說法，就是色界天的眼根超越了大地的遠近，時間的過去和未來，一切現象都能明見。

有與無

故空中無色，無受想行識。無眼耳鼻舌身意，無色身香味觸法。無無明，亦無無明盡，乃至無老死，亦無老死盡。無苦集滅道，無智亦無得，以無所得故。

—《心經》

有位在家居士問智藏禪師：「請問老師，有沒有天堂和地獄？」

「有啊！」

「請問有沒有佛和菩薩？」

「有啊！」

「請問有沒有因果報應？」

「有啊！」

不管你問什麼，智藏禪師都答：「有啊！有啊！」

這位居士聽後，懷疑起來，就說：「老師，您說錯了。」

「我怎麼說錯了呢？」

「我問徑山禪師，他都說『無』。」

「怎麼說『無』？」

「我問他有沒有因果報應，他說無；再問他有沒有佛和菩薩，他說無；我問他有沒有天堂和地獄，他說無，可是你為什麼卻說有呢？」

智藏禪師瞭解到這位居士的根性，終於道：「哦！原來如此，我問你，你有老婆嗎？」

「有。」

「你有兒女嗎？」

「有。」

「你有金銀財寶嗎？」

「有。」

「徑山禪師有老婆嗎？」

「沒有。」

「徑山禪師有兒女嗎？」

「沒有。」

「徑山禪師有金銀財寶嗎？」

「沒有。」

「所以徑山禪師對你說『無』，我跟你說『有』，因為你有老婆和兒女啊！」

　　這些問題，此處說有，彼處說無，是真的不同嗎？實在沒有不同的，道只有一個，有無只是道的兩面，道是因人而有所不同的。禪師的問話與答話，有時說有，有時說無，只是從我們不同的程度或層次來體會不同的問題而已。

塔

是一種有著特定的形式和風格的東方傳統建築。用來供奉或收藏佛舍利、佛像、佛經、僧人遺體等的高聳型點式建築，又稱「佛塔」、「寶塔」。塔這種建築形式緣起於古代印度，稱作窣堵坡，是佛教高僧的埋骨建築。隨著佛教在東方的傳播，窣堵坡這種建築形式也在東方廣泛擴散，發展出了塔這種極具東方特色的傳統建築形式。

珍惜青梅子

常聞如來說如是言：『自未得渡先渡人者，菩薩發心；自覺已圓能覺他者，如來應世。』我雖未渡，願渡末劫一切眾生。

—《楞嚴經》

一天，耽源禪師提著籃子前往方丈室，路上碰到慧忠國師。

慧忠國師叫住他問道：「你採摘那麼多青梅子做什麼？」

耽源說：「供養諸佛菩薩用的。」

慧忠不禁睜大了眼睛，吃驚地問：「梅子尚未成熟，吃到嘴裡又酸又澀，怎能供養呢？」

耽源說：「我也知道青梅的滋味不好，不過是略表誠意罷了。」

慧忠說：「如此酸澀的誠意，諸佛菩薩是不會接受的。依我看，你還是留著供養你自己吧！」

耽源一臉鄭重地說：「我無時無刻都在供養著自己，心、佛、眾生本無差別，何必那麼計較？國師，你是不是也用青梅供養自己呢？」

慧忠答道：「我不會如此供養，我要等梅子成熟才肯拿來供養！」

耽源反問道：「國師的梅子什麼時候才能成熟呢？」

慧忠一臉自信地答道：「我的梅子早就熟了。」

耽源問：「既然早就熟了，國師為什麼不拿來供養？」

慧忠答道：「我喜愛梅子，不想隨便送人。」

耽源有些疑惑地問：「國師一向樂善好施，今天為何如此慳貪？有慈悲心的人，應該把好的東西拿來與人分享。」

慧忠微微一笑，問道：「什麼才是好東西？」

耽源急忙說：「就是青梅子呀！」

慧忠依舊微笑著說：「如果好的東西指的就是青梅子，我更應該要好好珍惜它，不能隨便給人了。」

耽源將手一攤，無可奈何地說：「我不和你鬥嘴了，你太吝嗇了！」

慧忠將臉一板，嚴肅地說：「吝嗇的是你，不是我！」

耽源一時間無語可應。

慧忠繼續說：「青梅子應該留給自己，才是真正的慈悲！」

耽源於言下大悟。

做為禪者，見性成佛才是最大的目的。梅子，在這裡象徵著佛性。梅子未熟，又酸又澀；一旦成熟，卻甜美無比。佛性在禪就如同青梅子之酸澀；佛性離禪，就像梅子成熟後的甜美，正所謂煩惱即菩提；慧忠國師的意思是說，青梅子要好好珍惜，不要急於給人，對自己也要慈悲。

禪畫

是中國禪宗特有的藝術，修禪者用筆墨來表達禪道，開創出唐宋以來中國繪畫的新紀元。禪畫是表達禪理的方便法門，其本質是表達自己生命本性的藝術。其表現手法往往是脫俗、空寂、古拙、無味、呆板、無理、無心、兀傲，極盡非知識、非理論、無意識、無邏輯的絕路；但又經常用灑脫、風流、瘋癲、活潑，很平常的方法自然的流露。禪畫不拘任何體裁，不拘任何方式，只求把握住生生不息的禪心。

百丈立清規

叢林以無事為興盛，修行以念佛為穩當；精進以持戒為第一，疾病以
減食為湯藥；煩惱以忍辱為菩提，是非以不辯為解脫；留眾以老成為
真情，執事以盡力為有功；語言以減少為直截，長幼以慈和為進德；
學問以勤習為入門，因果以明白為無過；老死以無常為警策，佛事以
精嚴為切要；待客以誠實為供養，山門以耆舊為莊嚴；凡事以預立為
不勞，處眾以謙恭為有禮；遇險以不亂為定力，濟物以慈悲為根本。

—唐·百丈懷海禪師·《叢林要則》

「馬祖創叢林，百丈立清規」，馬祖道一與百丈懷海這一對師徒，創建了
中國禪宗的叢林清規制度。

禪法傳入之初，禪宗的僧侶大多居住在律寺，日子一久，齟齬叢生，糾紛
之事漸聞，摩擦之端時起。於是，馬祖道一決定在荒山另建叢林，做為安頓禪
僧之所。

懷海禪師承繼了馬祖道一禪師衣缽，他立下一套極有系統的叢林規矩—
《百丈清規》。他宣導「一日不作，一日不食」的農禪生活，一開始曾遇到過
許多的困難，僧人們早就習慣了吃齋念佛的規範生活，對百丈禪師務農參禪相
結合的修持方式感到很不適應，甚至有人還批評他為外道。

百丈禪師為了改變僧眾們的寄生心理，每件事都以身作則。他每日除了帶
領僧眾修行外，必親執勞役，勤苦工作。禪師在生活中自食其力，事必躬親，

即使是平常的瑣碎事務，也不肯假手他人。

　　光陰似箭，日月如梭。百丈禪師漸漸地老了，但他每日仍隨眾上山擔柴，下田種地。

　　弟子們不忍心讓年邁的師父做這種粗活，就懇請他不要外出勞作了，可是禪師仍以堅決的口吻說：「我無德勞人，人生在世，若不親自勞動，豈不成了廢人？」

　　弟子們苦勸未果，只好將禪師所用的扁擔、鋤頭等工具藏了起來，不讓他做工。

　　百丈禪師無奈，只好用絕食的行為來抗議。

　　一連數日，禪師都滴水未進。

　　弟子們圍在禪師的床前，焦急地問他為何不思飲食。

　　百丈禪師說：「既然不能工作了，還吃飯做什麼，不如死了算了！」

　　弟子們無奈之下，只好將工具又還給了他，讓他隨眾生活。

百丈禪師憑藉這種「一日不作，一日不食」的精神，最終成了禪林中的千古楷模！

有人認為出家人參禪，只要摒絕塵緣，整日打坐就可以了。如果這樣想，可是大錯特錯了。摒棄了勞作，離開了生活，哪裡還有禪呢？百丈禪師為了拯救禪者的時病，不但服膺「一日不作，一日不食」的生活，甚至還喊出「搬柴運水無非是禪」的口號。

念佛也好，參禪也好，修行都不應該是懶惰的藉口，希望現代的禪者聽一聽百丈禪師的聲音！

禪門供奉的諸尊之傅大士

西元497年～西元569年，姓傅名翕，字立風，號善慧。《續高僧傳》稱傅弘，又稱善慧大士、魚行大士、雙林大士、東陽大士、烏傷居士。東陽郡烏傷縣（今浙江義烏）人。南朝梁代禪宗著名尊宿，義烏雙林寺始祖，中國維摩禪祖師，與達摩、志公共稱梁代三大士。

防山中賊易，防心中賊難

梁山一曲歌，格外人難和；十載訪知音，未嘗逢一個。

—鼎州梁山緣觀禪師

宋朝的梁山緣觀禪師，住在湖南梁山，曾付法於大陽警玄禪師。

禪師的座下，有個園頭，是個開悟的人，專門負責管理菜園子，種菜供大家吃。

一天，有個僧人對園頭說：「你怎麼不去問堂頭和尚？問一、二則話來結結緣。」

園頭十分自負地說：「我要是去問，一定會讓堂頭和尚從禪床上下來！」

第二天，緣觀禪師上堂，園頭站出來向他請示道：「知音難逢，是人生的憾事；但家賊難防，更是吾人的困擾。如何提防家賊，請師道一句？」意思是說，妄念叢生，不可收拾的時候，應該怎麼對付？

緣觀禪師答道：「認識他、瞭解他、變化他、運用他，何必防他？」

園頭問道：「家兵家將容易使用，家賊如何用他？」

緣觀禪師答道：「請他住在無生國裡。」

園頭進一步問道：「妄念不起就是安身立命處嗎？這樣就夠了嗎？」

緣觀禪師道：「死水不藏龍。」

園頭問道：「那麼，什麼是活水裡的龍？」

緣觀禪師道：「興雲不吐霧。」

園頭不放鬆，再問道：「忽遇興雲致雨時如何？」

緣觀禪師下床抓住園頭道：「不要讓它弄濕了老僧的袈裟！」並以一偈開示道：「赫日猶虧半，烏沉未得圓；若會個中意，牛頭尾上安。」

王陽明曾說：「防山中之賊易，防心中之賊難。」「心如國王能行令，心如冤家實難防。」真正的禪心未顯現時，無名的妄心，的確很難預防。只有用化他之法，才能永絕後患。正如諸葛亮採取攻心為上的策略，對孟獲七擒七縱，最終才徹底消除了邊患。

緣觀禪師從法座上走下來，一把抓住園頭，說：「舍黎！莫教濕著老僧袈裟角。」其實，發脾氣只是「菩薩心腸羅剎面」，嚇嚇對方，教育他人而已，毫無瞋怒之心。看似傾湫倒嶽之勢，還不曾弄濕袈裟角呢！相續得恰如其分，如箭鋒相拄。若非見地透徹，焉能如是？

見性

禪家之常語，徹見自心之佛性也。達摩之《悟性論》曰：「直指人心，見性成佛，教外別傳，不立文字。」黃檗《傳心法要》曰：「即心是佛，上至諸佛，下至蠢動含靈，皆有佛性，同一心體。所以達摩從西天來，唯傳一法。直指一切眾生本來是佛，不假修行。但如今識取自心，見自本性，更莫別求。」

撿一片，少一片

身是菩提樹，心如明鏡台，時時勤拂拭，莫使惹塵埃。

—神秀・《六祖壇經》

鼎州禪師和一個小沙彌在庭院裡散步，一陣風颳來，樹葉紛紛而下。

禪師彎下腰，將樹葉一片片地撿起來，放在口袋裡。

旁邊的小沙彌不解地說：「禪師！不要撿了，反正明天一大早，我們還會打掃的。」

鼎州禪師直起身來，語重心長地說：「話不能這樣講，明天打掃，就一定能掃乾淨嗎？我多撿一片，就會使地上多一分乾淨啊！」

小沙彌接著說道：「禪師！落葉那麼多，您在前面撿，後面又落下來一大片，您是撿不完的！」

鼎州禪師一邊撿一邊說：「葉子不僅是落在地面上，還落在我們的心地上，我撿我心地上的落葉，終有撿完的一天。」

小沙彌聽後，終於懂得了禪者生活的真諦。

當佛陀住世的時候，有一個叫周利盤陀伽的弟子，非常愚笨，佛陀教他一首偈頌，常常是記下前句就忘了後句，記下後句又忘了前句，不得已，佛陀問他會什麼，他說會掃地，佛陀就叫他掃地的時候唸「拂塵掃垢」。周利盤陀伽

唸久了之後，就想，外面的塵垢髒可以用掃把打掃，心裡有污穢時該如何清掃呢？

想著想著，周利盤陀伽便開悟了。

禪者要求隨其心淨則國土淨，故人人應隨時隨地除去自己心上的煩惱。鼎州禪師與其說是撿落葉，倒不如說是在清除心中的妄想煩惱，大地山河有多少落葉暫且不去管它，可是心裡的落葉撿一片就會少一片。禪者，只要當下安心，就能立刻擁有了大千世界的一切。

面壁

又稱壁觀，是達摩祖師禪的主要內容之一。達摩曾有一偈概括面壁的精義：「外止諸緣，內心無喘；心如牆壁，可以入道。」相傳達摩在嵩山少林寺面壁十年（一說九年），身影透入石中，謂之「影石」。後用面壁指專心一意地面對牆壁默望靜修。

有多重

悟道之前，見山是山，見水是水；悟道之中，見山不是山，見水不是
水；悟道之後，見山還是山，見水還是水。

—青原行思禪師

大學士蘇東坡因與照覺禪師論道，談及「情與無情，同圓種智」的話後，
忽有省悟，因而作「未參禪前」、「參禪時」、「參禪悟道後」三偈，表明心
得。

未參禪前的境界是：

橫看成嶺側成峰，遠近高低各不同；
不識盧山真面目，只緣身在此山中。

到了參禪時，其心得是：

盧山煙雨浙江潮，未到千般恨不消；
及至歸來無一事，盧山煙雨浙江潮。

及至參禪悟道以後，其心境是：

溪聲儘是廣長舌，山色無非清淨身；
夜來八萬四千偈，他日如何舉似人？

蘇東坡自從禪悟後，對佛法自視甚高，他聽說荊南玉泉寺承皓禪師禪門高

峻，機鋒難觸，心中很是不服氣。

一次，他微服求見，想與承皓禪師一較高下。

剛一見面，蘇東坡就說道：「禪師大名，如雷貫耳，不知禪師的禪悟是什麼？」

承皓禪師沒有正面回答，而是反問道：「請問貴客尊姓大名？」

蘇東坡道：「姓秤！特地來秤長老有多重的！」

承皓禪師大喝一聲，說道：「請問這一喝有多重？」

蘇東坡無言以對，只得紅著臉告辭，怏怏而回。

蘇東坡參禪經過了三個層次，雖然能夠開悟，卻沒有修證，禪者由悟起修，由修而證。沒有修證的禪者，如果遇到像承皓禪師這樣的禪門宗匠，對其發一聲佛門獅子吼，定會瞠目結舌，啞口無言。

衣缽

指僧尼的袈裟和食器。《金剛經》：「爾時世尊食時，著衣持缽，入舍衛大城乞食。其城中次第乞已，還至本處。飯食訖，收衣缽。」中國禪宗師徒間道法的授受，常付衣缽為信證，稱為衣缽相傳。

體用一如，凡聖兩忘

世界虛空，能含萬物色像。日月星宿、山河大地、泉源溪澗、草木叢林、惡人善人、惡法善法、天堂地獄、一切大海、須彌諸山，總在空中；世人性空，亦復如是。

——《六祖壇經》

袁州仰山南塔光湧禪師，仰山慧寂禪師之法嗣，俗姓章，豫章豐城人。剛出生時，神光照庭，馬皆驚鳴，因起名光湧。光湧禪師少時長得非常英俊聰敏，依仰山慧寂禪師剃度出家。後北遊參學，曾禮謁過臨濟義玄禪師，不久又回到仰山座下，執侍仰山禪師。

南塔光湧禪師初次參訪仰山禪師時，剛一見面，仰山就問他說：「你來這裡做什麼？」

光湧回答說：「我來拜見禪師。」

仰山又問：「見到禪師了嗎？」

光湧說：「見到了！」

仰山再問：「禪師的樣子像不像驢馬？」

光湧說：「我看禪師的樣子也不像佛！」

仰山不放鬆地追問道：「既然不像佛，那他像什麼？」

光湧則不甘示弱地說：「如果有所像，和驢馬又有什麼分別呢？」

仰山聽後，大為驚嘆地說道：「凡聖兩忘，情盡體露，二十年之中，再也沒有人能勝過你，你一定要好好修持。」

這件事過去之後，仰山禪師見到人還不住地讚嘆說：「光湧真是個活菩薩！」

一日，有個學僧問：「文殊是七佛之師，文殊還有師父嗎？」

光湧說：「遇緣即有。」

學僧又問道：「誰是文殊的師父呢？」

光湧不發一言，只是豎起了手中的拂子。

學僧疑惑地問：「難道它就是文殊的師父？」

光湧隨即放下拂子。

學僧接著問：「如何是妙用一句？」

光湧說：「水到渠成。」

「真佛住在何處？」學僧步步緊逼。

「言下無相，也不在別處。」光湧淡淡地說。

學僧終於言下開悟。

《金剛經》說：「凡所有相，皆是虛妄。」「若見諸相非相，即見如

來。」虛空無相無所不相，正因為虛空無相，才能包容萬有；虛空無相，才是本來面目。只有凡聖兩忘，體用一如，才能見到無相的真理。

禪門供奉的諸尊之鬼子母

又名歡喜母，梵文音譯訶利帝母。原為婆羅門教中的惡神，專吃人間小孩，稱之為「母夜叉」。被佛法教化後，成為專司護持兒童的護法神。古印度寺廟對鬼子母奉祀很盛。佛教傳入中國後，鬼子母被列為二十諸天之一。

迴向

一切世界，始終生滅，前後有無，聚散起止。念念相續，循環往復，種種取捨，皆是輪迴。

—《圓覺經》

從前有一個自私的農夫，請無相禪師到他的家裡來給他死去的妻子誦經超渡，當無相禪師佛事完畢以後，農夫問道：「禪師！您覺得我的妻子能從這次佛事中得到多少益處呢？」

無相禪師毫不隱瞞地說道：「當然會得到利益！佛法就如同慈航普渡眾生，如同日光遍照大地，不僅僅是你的妻子能夠得到益處，所有有情眾生均可得益。」

農夫有些不滿意的說道：「可是我的妻子非常嬌氣、柔弱，其他眾生看到她如此也許會搶她的便宜，把她的功德都給奪去。請您只給她一個人誦經超渡，不要迴向給其他的眾生好嗎？」

無相禪師對農夫的自私發了一聲慨嘆，但仍慈悲地勸導農夫道：「迴轉自己的功德以趨向他人，讓每一位眾生都得法益，這是很討巧的修持法門，『迴向』有迴事向理、迴因向果、迴小向大的內容，就像一光不只是照耀一個人，一光能夠照耀大眾，就恰似天上一個太陽，能夠照耀世間萬物，種下一粒種子可結出千萬果實，如果你用這一根你發心點亮的蠟燭，去點亮千千萬萬支的蠟燭，你這支蠟燭不僅不會減少亮光，其光亮還會放大千萬倍。若是所有人都能

持有這樣的觀念，那麼微小的我們，也常會因許許多多人的迴向，而獲得更多的功德，何樂而不為呢？所以我們身為佛教徒應該平等的對待所有眾生！」

這位自私而又頑固的農夫繼續說道：「這個教義確實很好，不過我有一個鄰居老李，他不僅欺負過我還害過我，請法師破一下例，把他除去在一切有情眾生之外就行。」

無相禪師終於以嚴厲的口氣責怪道：「既說是一切，怎麼又除外呢？」

農夫無話可說，滿臉茫然，一副若有所失之狀。

在這位農夫身上完全看出可以人性的自私自利、斤斤計較，只要自己得到了、快樂了、滿足了，就不管他人的死與活，卻總也不明白其他人都在遭受苦難，自己一個人怎麼能夠獨自享受？這世間，有事有理。事項上有多有少，存在差別，但是在道理上則沒有多少之分，不存在差別，一切都是平等的。就如同於漆黑的暗室點一盞燈，就舉室通明，怎麼能只照到一物，而其他不能沾光呢？

要擁有一切的人必須懂得一切；捨棄一個的人就是捨棄一切，既然已經捨棄一切，人生還談何擁有？

拈古

拈古則批評也。碧岩第一則頌評曰：「大凡頌古，只是繞路說禪，拈古大綱，據疑結案而已。」

佛堂無佛

汝等見聞覺知之性，與太虛同壽，不生不滅。一切境界，本自空寂。
無一法可得。迷者不了，即為境惑。一為境惑，流轉不窮。汝等當
知，心性本自有之，非因造作，猶如金剛，不可破壞。一切諸法如影
如響，無有實者。故經云：『唯有一事實，餘二則非真。』常了一切
空，無一物當情，是諸佛同用心處。汝等勤而行之。

—汾州無業禪師

汾州無業禪師，是馬祖道一禪師的弟子，上洛人，俗家姓杜。他的母親李
氏懷他之前，在一次夢中，聽到空中有個聲音問她：「我可以寄居在妳的身體
裡嗎？」李氏隨口答應了下來，醒來後就發現自己懷孕了。無業禪師出生的那
天晚上，神光滿室，眾人都很吃驚，都說他不是尋常之輩。無業禪師幼年時，
就與平常的孩子不一樣，「行必直視，坐即跏趺」，從來不和其他的孩子在一
起遊玩。九歲時，無業禪師就到開元寺志本禪師那裡學習大乘經典，像《金剛
經》、《法華經》、《華嚴經》等佛門經典，無業禪師都能一目十行，過目不
忘。他十二歲落髮，二十歲時從襄州幽律禪師受俱足戒，學習《四分律疏》，
剛一學完，他就能夠宣講。

無業禪師聽說洪州馬祖道一禪門鼎盛，特地前往瞻禮。無業禪師長得身材
高大，偉岸如山，聲若洪鐘。馬祖一見，就覺得他非比尋常，於是取笑他道：
「好一座氣勢恢弘的佛堂，只可惜其中無佛！」

　　無業禪師一聽，連忙向馬祖頂禮，恭敬地說道：「大小三乘的經文義學，我略知其大旨。我曾經聽說禪宗宣揚即心即佛的道理，對此，我尚未明瞭。」

　　馬祖見來意真誠，就開示道：「你就去體究這個未了的心即是，除此之外再也沒有什麼別的東西了。不明白自己的心就是迷，明白自己的心就是悟。迷就是眾生，悟就是佛。道並沒有遠離眾生，除了心之外，難道還有別的佛嗎？這就像握手成拳，拳的形狀雖然與手掌不一樣，但拳還是手掌。」

　　無業禪師又問：「如何是祖師西來意？」

　　馬祖擺了擺手說：「大德！你心亂如麻，一點也不安寧。還是先下去，改日再來吧！」

　　無業禪師不得已，就告辭出門，馬祖隨即叫一聲：「大德！」

　　無業禪師回首。

　　馬祖說：「是什麼？」

　　當下無業禪師跪下禮拜，哭訴道：「本以為佛道長遠，今日才知道，法身實相，本自俱足。」

　　馬祖長舒了一口氣，微笑著說：「你這個鈍漢，終於領悟了！」

　　懷璉禪師說：「古佛堂中，曾無異說；流通句內，誠有多談。」人們心外求法，妄失自己，才勞動諸佛祖師，千說萬說，才知回頭。馬祖一聲，無業回首，本來面目，當下認識。「魚在水中休覓水，日行山嶺莫尋山。」你這鈍漢，可是了悟了也。

Photo By Jeffrey Hsu

禪宗四大叢林

成都文殊院、新都寶光寺、邗江高旻寺、鎮江金山寺（又名江天禪寺）合稱
禪宗四大叢林。

只為有所以來

選得幽居愜野情，終年無送亦無迎。有時直上孤峰頂，月下披雲笑一
聲。

— 唐·李翔

藥山惟儼禪師，是山西人，俗姓韓。十七歲時在廣東慧照禪師處出家，在
石頭希遷座下密證心法。後來參訪馬祖道一禪師而大徹大悟。四十一歲時入湖
南藥山，接化學人。

一天晚上，惟儼禪師在月光下散步，不知不覺登上寺院附近的一座山峰。
當時，夜色清涼如水，錯落有致的村莊盡收眼底，遠處還不時傳來三兩聲犬吠
聲。惟儼禪師頓覺神清氣爽，情不自禁地對著長空大笑了一聲。笑聲傳出九十
多里，整個澧陽的人都聽到了這一聲大笑。僧眾們都驚愕地相互傳道：「昨夜
和尚山頂大笑，簡直和佛門獅子吼相媲美！」

一天，有個學僧向禪師請示說：「弟子生死大事未明，請老師慈悲開
示！」

惟儼禪師說道：「我可以告訴你，不過你要體會到其中的涵意。如果在言
下，讓你思量，卻是我的罪過。不如彼此都不要開口，免得互相拖累。」

學僧點頭稱是，於是問道：「達摩未到東土來時，此地有佛性嗎？」

惟儼禪師答道：「有！」

學僧又問：「此間既有佛性，達摩又何必來此？」

惟儼禪師答道：「就是因為有，所以才來。」

學僧接著問道：「老師平常不許學人看經，為什麼老師自己卻每天看經。」

惟儼禪師道：「我只是希望以經書遮遮眼睛！」

學僧說：「我也想學習老師，用經書遮遮眼可以嗎？」

惟儼禪師道：「如果換成是你，牛皮之厚也遮不住你的眼睛。」

學僧請惟儼禪師登座說法，藥山禪師不發一言就離開了。

學僧問道：「禪師為什麼不說話？」

惟儼禪師道：「經有經師，律有律師，論有論師，我怎能越俎代庖呢？」

學僧終於在言下覺悟了。

惟儼禪師曾經感嘆說：「大丈夫當離法自淨，焉能屑屑事細行於布中邪？」他對煩瑣的詮釋戒條律儀和執著於對衣著穿戴等小枝小節深表厭惡。由此形成了別具一格，言簡孤峻的家風。他經常用簡單語句回答你，引導你悟到言外的玄機。

祖庭

指佛教宗祖布教傳法之處。河南嵩山少林寺為我國禪宗各派的共同祖庭，它建於北魏太和二十年（西元496年），我國佛教禪宗初祖菩提達摩在此創立禪宗。

炷香增福

欲為諸佛龍象，先做眾生馬牛。行得深海底，堪立高山頂。欲找真法王，凡夫堆裡尋。

—《人天眼目》

唐朝的宰相裴休是一位虔誠的佛教徒，他的兒子裴文德，少年得志，年紀輕輕就考中了狀元，被皇帝封為翰林。裴休歷經宦海沉浮，不希望自己的兒子過早地捲入政治的漩渦，因此極力勸說裴文德到寺院裡修行參學。在送兒子去沙門的路上，裴休還寫下了一首詩—「含悲送子入空門，朝久應當種善根。」

裴文德來到寺院，先從行單（苦工）上的水頭和火頭做起。這位皇帝欽點的翰林學士，整日在寺院裡挑水、砍柴，弄得身心俱疲。時間一長，心中難免不會有些嘀咕，不時地埋怨父親把他送到深山古寺裡來做牛做馬，可是父命難違，只得強自隱忍。

一天，裴文德去溪澗邊擔水，他擔著水趔趄著走在山路上，好不容易來到寺裡，火頭僧就命令他去劈柴。他終於忍耐不住，滿懷怨恨地發牢騷道：「翰林擔水汗淋腰，和尚吃了怎能消？」

　　寺裡的住持無德禪師碰巧聽到，他微微一笑，隨口唸了兩句偈語：「老僧一炷香，能消萬劫糧。」

　　裴文德心裡一驚，從此收束身心，苦勞作役。

　　儒者以「天將降大任於斯人也，必先苦其心志，勞其筋骨，餓其體膚，空乏其身。」自勵，禪者更應該從卑賤作務、苦役勞動中身體力行，磨勵意志。佛教重視苦行頭陀，勞役歷練。「行得深海底，堪立高山頂。」所謂高僧，都是那些甘為眾生做馬牛的「凡僧」。凡是自吹厲害自稱大善知識天下第一不可一世的人，肯定不是真正的禪者。

九佛事

一山住持或尊宿遷化時，其葬儀次第有九，稱為九佛事，依序為：入龕佛事、移龕佛事、鎖龕佛事、掛真佛事、對真小參、起龕佛事、奠湯佛事、奠茶佛事、秉炬佛事。若略去掛真、小參，則稱七佛事；再略入龕、移龕，即稱五佛事；一般在家人僅有奠湯、奠茶、秉炬，是為三佛事。

自性與法性

悟無念法者，萬法盡通；悟無念法者，見諸佛境界；悟無念法者，至佛地位。

—《六祖壇經》

荷澤神會禪師是湖北襄陽人，俗姓高。從小就從師學經史，尤好老、莊之學，後來讀《後漢書》才知有佛教的存在，於是在國昌寺從顥元出家。

神會在十三歲時，從荊州玉泉寺前往廣東韶州曹溪處參拜六祖慧能。

神會見禮完畢，慧能問道：「你千里迢迢來到這裡，是否帶來你最根本的東西？如果你帶來了，那麼你應該知道它的主體是什麼？你給我說說看。」

神會答道：「報告老師：『我』有來去，『自性』沒有來去，本體法性，普遍法界，怎可言見，抑或不見呢？」

慧能說道：「你這小和尚，詞鋒倒也敏銳。」說著抄起拐杖就打了下來。神會並不躲閃，反而緊問道：「老師坐禪時，是見還是不見？」

慧能用拐杖打了他三下，說道：「我打你是痛，還是不痛？」

神會回答道：「感覺痛，又不痛。」

慧能說：「那我是也見，也不見。」

神會不放鬆，追問道：「什麼是也見，也不見？」

慧能大師開示道：「我見，是因為我能看到自己的過錯；我不見，是因為我看不到他人的是非善惡。我用拐杖打你，如果你感覺不到疼痛，就會像木石一樣沒有知覺；如果感覺到痛，那麼你便會像俗人一樣有怨憤之心。我要告訴你，見與不見都是兩邊的執著，痛和不痛都是生滅的現象，你連自性都摸不清楚，居然還說無來無去？」

神會聽後，感到十分慚愧，立刻向慧能行禮道歉。

慧能諄諄教誨道：「如果你心迷不見，就去請教大德高僧。如果你心悟見性，就趕緊去依法修行。你自迷不悟，卻來問我見與不見，我悟不能代替你悟；你悟也不能代替我悟。為什麼不自證自見，明心見性呢？」

神會再次行禮，求禪師恕罪。

慧能大師將要圓寂時，弟子們想到師父往日的慈愛都忍不住放聲大哭

起來，唯獨神會站在一旁默默不語。

慧能大師微微地睜開雙眼，環視了一下周圍的弟子，平靜地說：「你們為什麼要哭呢？我很清楚自己要到什麼地方去，如果我對自己一無所知，如何能預先告訴你們？你們要向神會學習，超越善惡的觀念，達到毀譽不動、哀樂不生的境界。你們要切記，法性是不會生滅去來的！」

說完，慧能大師就坐化了。

世間萬事萬物，皆名對待法，如「有無」、「好壞」、「大小」、「善惡」、「淨穢」、「男女」、「上下」、「裡外」等；見與不見都是兩邊的執著，痛與不痛都是生滅的現象，只有佛性禪心才能超越一切。修道之人要截斷兩邊，不思善、不思惡、不談生、不論滅，還他中道一如，才算見本來面目。

禪七

源於佛陀在菩提樹下，七日證道的典故。佛陀在菩提樹下自誓：若不成道誓不離金剛寶座，實為七日成佛的濫觴。自宋以來，精進禪七並與參禪一旨相合，而行於天下。禪宗叢林，每逢冬日農事已了，更無其他雜務，便舉行克期取證的修行，以每七日為一期，叫做打禪七。在禪七中，比平日更要努力參究，往往每日以十三、四支長香，做為修行的標準。睡眠休息時間，晝夜合計，也不過三、四小時而已。後世各宗派，也採用這種苦修方法，興起了各種七會，如唸佛七等。

最具魅力

人身難得今已得，佛法難聞今已聞；此身不向今生渡，更向何生渡此身？佛在世時我沉淪，佛滅渡後我出生；懺悔此身多業障，不見如來金色身。

—《淨宗要義》

有一位女施主，出身於豪門貴族，整日穿金戴銀，遍身羅綺，過著茶來伸手、飯來張口的生活。她長得更是國色天香，傾國傾城，比神殿裡面的女神畫像還要美。可是她每天卻鬱鬱寡歡，連個談心的人也沒有。

一天，她找到無德禪師，向禪師請教說：「大師，我應該如何自我塑造、增添魅力，以贏得別人的歡喜呢？」

無德禪師告訴她說：「學會與人合作，同時要具有佛一樣的慈悲胸懷，講些禪話，聽些禪音，做些禪事，用些禪心，那妳就能成為有魅力的人。」

女施主聽後，接著問道：「敢問大師，禪話怎麼講呢？」

無德禪師說：「所謂的禪話，無非是說些歡喜的話、真實的話、謙虛的話、開悟的話和利人的話。」

女施主聽後，若有所悟，她將身子向前探了探，問道：「大師，禪音又該如何聽呢？」

無德禪師說：「那是一種真正的天籟之音！一種來自世外之域的空靈聲

音！它可以給予飽受紅塵喧囂熙攘困擾的心靈慰藉。把辱罵的音聲轉為慈悲的音聲、把毀謗的音聲轉為說明的音聲。哭聲、鬧聲、粗聲、醜聲，妳都毫不介意，那就是禪音了。」

女施主低頭想了想，又開始問道：「禪事該如何做呢？」

無德禪師說：「禪事就是佈施的事、慈善的事、服務的事、合乎佛法的事。」

女施主更進一步問道：「禪心是什麼心呢？」

無德禪師道：「禪心就是你我一如的心、聖凡一致的心、包容一切的心、普利一切的心。」

女施主聽了禪師的教誨，一改從前的驕氣，不再誇耀自己的財富，也不再自恃美麗肆意貶低別人了。她對人謙恭有禮，對眷屬尤能體恤關懷，不久就被稱為「最具魅力的施主」了！

禪，不是理論，禪是生活，生活裡有禪，就會法力無邊，在人人尊，在處處貴，有禪，人生前途無往不利！

打七

是佛門中精進修行的一種儀規，隨著修行方法的差異，而有不同的名稱與內涵。如：用禪宗的參禪方法打七就叫做「禪七」，用淨土宗念佛法門打七叫做「佛七」，都是隨修行法門而得名的。

打七是要打我們的第七識末那識。第七識末那識是輪迴的禍首，因為它執著現前虛妄的身心為自我，安於此三界牢宅而不思脫離，所以修行即要破除此第七識達到解脫。打七一般以七天為期，「七」這個數字是佛門中，也是中國人常用的數量單位。

必修課程

若諸末世一切眾生，能捨諸欲及除憎愛，永斷輪迴，勤求如來圓覺境界，於清淨心便得開悟。

—《圓覺經》

學僧元持在無德禪師座下參學，雖然整日精勤用功，卻始終不能體悟禪法。

一次在晚參時，元持向無德禪師請示道：「師父，弟子進入叢林多年，對禪法仍是懵懂不知，每日一無所悟，請老師慈悲指示，每天在修持、作務之外，還有什麼必修課程？」

無德禪師說：「你要看護好一個病人，看管好兩隻鷲、兩隻鹿、兩隻鷹，並且約束口中一條蟲，同時，還要不斷地和一隻虎搏鬥。如果能做到這些，你的功課就會完成的很好。」

元持不解地問道：「老師！弟子子然一身來此參學，身邊沒有病人，更不曾

帶有什麼鷺、鹿、鷹、虎之類的動物，如何去看護和防禦？更何況我想問的是與參學有關的必修課程，與這些根本無關啊！」

無德禪師含笑著說道：「當然有關係了！我說的病人，指的是你的身體，希望你不要讓它陷於罪惡；兩隻鷺，就是你時常要警戒的眼睛，使它不被迷惑——非禮勿視；兩隻鹿，是你需要把持的雙腳，使它遠離罪惡的道路——非禮勿行；兩隻鷹，是你的雙手，要讓它經常工作，承擔自己的責任——非禮勿動；我說的那條蟲就是你的舌頭，你要管好自己的嘴巴——非禮勿言；那隻虎就是你的心，你要克制它的自私與邪惡——非禮勿想。這些才是修行路上不可或缺的必修課程！」

元持聽後，豁然開悟。

佛家將眼、耳、鼻、舌、身、意稱為「六根」，它們佔據人的心靈，攀緣六塵、作惡造業。六根就如同虎豹豺狼、鷺鷹毒蟲，如果謹慎管理，讓它非禮勿視、非禮勿言、非禮勿動、非禮勿行，才能做到佛儒融和。

如來禪

被認為是禪修的最高境界，其意為「如來所得之禪」或「如實入如來地之禪」，是證入如來之境、區別於外道和二乘菩薩所行的「最上乘禪」。在佛教中，它是大乘禪中的上上乘禪，是唯有諸佛如來才具有的禪。當年菩提達摩來華傳禪，被認為傳的就是如來禪。

快樂之道

修道道無可修，問法法無可問，迷人不了色空，悟者本無逆順。八萬四千法門，至理不離方寸，識取自家城郭，莫謾尋他鄉郡。不用廣學多聞，不要辯才聰俊，不知月之大小，不管歲之餘潤，煩惱即是菩提，淨花生於泥糞，人來問我若為，不能共伊談論。寅朝用粥充飢，齋時更餐一頓，今日任運騰騰，明日騰騰任運，心中了了總知，且作佯癡縛鈍。

　　　　　　　　　　　　　　　　　　　　—唐·騰騰和尚·《樂道歌》

三個愁容滿面的信徒，去請教無德禪師，希望禪師告訴他們如何才能快樂。

無德禪師說：「你們先說說自己活著是為了什麼？」

信徒甲說：「我不願意死，所以我才活著。」

信徒乙說：「我期待自己日後一定會兒孫滿堂，所以我才活著。」

信徒丙說：「我上有老，下有小，一家人都要靠我來撫養。我死了，他們能依靠誰呢？所以我才活著。」

無德禪師聽後，一臉鄭重地說：「你們當然不會快樂！因為你們活著，只是由於恐懼死亡，由於等待年老，由於不得已的責任，卻不是由於理想，由於責任，人若失去了理想和責任，就不可能活得快樂。」

三位信徒齊聲說道：「那就請禪師告訴我們，怎樣生活才能得到快樂？」

無德禪師說：「你們認為什麼東西能使你們快樂呢？」

信徒甲迫不及待地說：「金錢就能使我快樂了！」

信徒乙兩眼放著光說：「我認為我有愛情就會快樂了！」

信徒丙沉思了一會兒，故作深沉地說：「名譽能使我快樂！」

無德禪師聽後，搖了搖頭，他告誡信徒說：「這些想法是不會讓你們快樂的。當你們有了金錢、愛情、名譽以後，煩惱和憂慮依然會困擾著你們。」

三位信徒無可奈何地問：「那我們怎麼辦呢？」

無德禪師想了想說：「辦法是有，你們先要改變觀念，金錢要佈施才有快樂，愛情要肯奉獻才有快樂，名譽要用來服務大眾，你們才會快樂。」

信徒們終於聽懂了生活上的快樂之道！

禪的境界是自主、解脫、安靜、快樂，但禪也是促進快樂的泉源，錢少沒有關係，只要有禪，禪裡的寶藏很多；沒有愛情，禪裡有更多美化的愛情；沒

大乘禪中最重要的禪觀之一「實相禪」

就是隨著大乘般若思想而出現，並為大乘般若思想服務的，它要求透過禪觀而證悟假有性空、非有非無的「諸法實相」之理，這就是「實相禪」。

找禪心

無去無來本湛然，不居內外及中間；一顆水晶絕瑕翳，光明透滿出人
天。

—唐・高僧拾得

汾陽有一位無德禪師，一次他對學僧們開示道：「你們各位來這裡參學的
人，時間長的有幾年了，時間短的也有幾個月了，不曉得諸位現在有沒有找到
禪心？」

學僧甲先說道：「我曾經是個主觀性很強的人，除了『我』和『我所』以
外，在這個世界上再也沒有什麼其他的值得我關心的。但自從參學以後，我發
覺這世上的一切都得靠因緣才能成就。以往我每天只想到我自己，實在太自
私，而現在我認識到除了我之外，還有其他人，還有佛，這對我來說是一個很
大的轉變，我覺得我已經把握了禪心。」

學僧乙接著說道：「過去我的眼光很短淺，總是用能看得見、摸得著、享
受得到的具體的東西為標準來衡量一切。但自從參禪以後，我現在有遠見了，
不再像以前那樣短視，心胸也不那樣狹小了，並且量大如空，我認為我找到了
禪心。」

學僧丙聽完乙的陳述繼續說道：「從前我是一個很不積極的人，如果說我
一天能走三十里路，那我絕不多行一里。但自從參禪以後，我才真正感受到我
要以有限生命去證悟永恆的法身時，恨不得不吃不睡的日行百里，我想我已經

領會到什麼是禪心了。」

學僧丁也說道：「我這個人所學知識少，生活經驗不足，所以在為人處事方面，總感覺笨手笨腳，有些時候甚至會感到非常自卑。但自從參禪以後，才發覺自己也有能力擔當弘法利生這樣重大的責任，現在，不但不覺得笨拙，也不會自卑了，我認為這就是我學到的禪心了。」

學僧戊最後說道：「我身材矮小，只有五尺高，平常總懷有『天塌下來會有別人頂著』的想法。但是自從參禪以後，總覺得自己有丈二之高的身材，身兼重任，我認為我已經找到什麼叫禪心了。」

無德禪師聽他們說過之後，微微點頭說道：「你們自從參禪以來都發生了變化，但你們所說的是你們的進步，是你們參禪過程中自己受用的法喜，這並非是『禪心』，只是一種參究的『初心』而已。真正的禪心在於明心見性。好好專心修持吧！」學僧們聽完禪師的話後，緘默內省，繼續尋找禪心。

小乘佛教修行法「十念禪」
即念佛禪、念法禪、念僧禪、念戒禪、念施禪、念天禪、念休息禪、念安般禪、念身非常禪、念死禪。

退即是進，予即是得

處世讓一步為高，退步即進步的張本；待人寬一分是福，利人實利己
的根基。

— 明・洪應明《菜根譚》

在龍虎寺禪院寺前的圍牆上，有學僧正在臨摹一幅龍爭虎鬥的畫像，畫中
盤旋在雲端的龍飛舞將下，蹲踞山頭的虎，做欲撲之勢，即使多次修改，也不
能盡顯其中動態，恰巧無德禪師從外面回來路過此處，這個學僧就懇請禪師給
他評鑑一下。

無德禪師看了看說：「對龍和虎的表面形狀畫得不錯，但你們瞭解多少龍
與虎的特性呢？現在你們應該明白的是龍在進攻之前，頭一定先向後退縮；虎
要前撲時，頭一定會先向下壓低。龍的脖子向後彎曲的幅度越大，虎的頭越向
地面靠近，那麼牠們就能衝得越快、跳得越高。」

這些學僧們都非常欣喜地接受禪師的教誨，並說道：「尊師您真是一語中
的，我們不僅把龍頭畫得太靠前，虎頭也畫得太高了，難怪總感覺這龍虎的動
態畫得不夠。」

無德禪師藉機會對他們說：「不僅畫畫如此，處事為人、參禪修道的道理
也不例外，後退一步做出準備，卻能前進得更遠，謙卑地自我反省之後才能攀
爬得更高。」

學僧們疑惑地問道：「師父！退步的人怎麼會前進？謙卑的人怎麼會爬得更高？」

無德禪師嚴肅認真地對他們說：「給你們聽一首我的禪詩：『手把青秧插滿田，低頭便見水中天；身心清淨方為道，退步原來是向前。』你們能理解嗎？」

這些學僧們到這時才恍然大悟！

禪者的人格並不只有頂天立地，孤傲不群，恰似龍抬頭，虎相撲的一面；而且有時也極為謙卑，又如龍退步，虎壓頭。這正是告訴我們做事要進退有據，高低有時。

龍為獸中之靈，虎為獸中之王，禪者乃人中之賢，以退為進，以謙為尚，不亦宜乎？

禪宗七經

《般若波羅密多心經》、《金剛般若波羅蜜經》、《大方廣圓覺修多羅了義經》、《楞伽阿跋多羅寶經》、《大佛頂首楞嚴經》、《維摩詰所說經》、《六祖大師法寶壇經》。

心淨國土淨

三伏閉門披一衲，兼無松竹蔭房廊。安禪未必須山水，滅卻心頭火自涼。

—唐·杜荀鶴《夏日題悟空上人院》

有一位虔誠的佛教信徒，在自家屋後開闢了一片花園，種了四季的花草。她每天都勤於修剪、整理花圃，所以枝葉茂盛、花香襲人。這位信徒常將這些清雅的花送到寺院去供佛。

這天，她拿著花剛走到佛殿時，恰巧遇到無德禪師從法堂出來。

無德禪師滿臉笑容地說：「佛經上說，常以香花供佛者，來世當得莊嚴相貌的福報。妳每天都如此虔誠地插花、換水，確實是功德無量！」

信徒聽後，非常歡喜地說：「我每次來寺禮佛時，都會覺得心靈就像洗滌過似地清涼，可是一回到家中，心就煩亂不已。身為一個家庭主婦，如何才能在煩囂的塵市中保持一顆清淨純潔的心呢？」

無德禪師說：「妳用鮮花獻佛，相信妳對花草總有一些常識，我現在問妳，妳是如何保持花卉的新鮮呢？」

信徒答道：「保持花卉新鮮的方法，莫過於每天換水。在換水時還要把花梗剪去一截，因為花梗泡在水裡容易腐爛，腐爛之後水分就不易吸收，花朵也會容易凋謝！」

　　無德禪師說：「想保持一顆清淨純潔的心，其道理也是一樣，我們就如同瓶子裡的鮮花，生活環境就像瓶裡的水，唯有不停地淨化我們的身心、變化我們的氣質，並且不斷地懺悔、檢討，改進陋習、缺點，才能不斷吸收到大自然的營養。」

　　信徒聽後，歡喜作禮感謝說道：「謝謝禪師的開示，希望有機會能過一段寺院生活，像一個禪者那樣享受暮鼓晨鐘、菩提梵唱的寧靜。」

　　無德禪師說：「妳的身體便是寺宇，脈搏跳動是鐘鼓，兩耳是菩提，呼吸是梵唱，無處不是寧靜，又何必等機會到寺院裡生活呢？」

　　人們生活在這個世界上，如果不能看輕名利，整天被煩惱、困惑、憂愁所包圍，那麼就猶如生活在苦海之中，一刻都不能安寧。佛家說：「去除身心煩惱便是清涼世界、自在乾坤，其實，只要自己息下妄緣，拋開雜念，哪裡都會是寧靜的天堂。如果自己妄想不除，就算是住在深山古剎裡，也同樣無法修持。」

佛家四諦

即為苦集滅道四者。是說人生世界，一切皆苦，純苦無樂，而眾生無知，反取苦為樂；歸納其類，分為八苦，即生、老、病、死、求不得、愛別離、怨憎會、五陰熾盛等，這就叫做苦諦。因為眾生自尋煩惱，以採集苦因而成苦果，誤以為樂，這就叫做集諦。如欲滅去苦因苦果，達到離苦得樂，這就叫做滅諦。因此必須要以求證道果，昇華人生而得達究竟的法門，這就叫做道諦。

機緣相契，開悟證果

法無頓漸，人有利頓。迷即漸契，悟人頓修。自識本心，自識本性。
悟即元無差別，不悟即長劫輪迴。

—《壇經》

有位年老的禪僧，參禪數十年，仍未求得慧解，又未開悟，經常悔恨不已。

一天，他聽見一個青年法師在講解「四聖諦」之理，心生欽敬，便誠懇地向青年法師請求開示。

青年法師一臉戲謔地說：「如果你能天天以美食供養我，我一定教你證悟的法門。」

老禪師求道心切，便毫不猶豫地答應了。

青年法師每日吃著上等美食，卻總不提開悟的事，時日一久，老禪僧等得有些著急了。他對青年法師說：「時日無多，我不能再等下去了，你還是給我開示吧！」

青年法師還想和他惡作劇一番，因此說道：「好！你跟我來！」

青年法師帶老禪僧進了一間空屋，來到東邊的一個角落，他叫老禪僧蹲下，用楊柳枝點其頭說道：「這是須陀洹果！」

老禪僧一心專誠，繫念不亂，當下真的即獲得初果。

青年法師接著說：「你雖得初果，卻有七生七死，起來，和我到西邊的角落去！」

老禪僧在那裡蹲下，青年法師又點其頭說道：「這是斯陀含果！此果尚有往來生死，起來，到南邊的角落去！」

老禪僧到了那裡，依然蹲下，青年法師點其頭說道：「這是阿那含果！已證不還，但在色無色界受有漏身，念念是苦。起來，到北邊的角落去！」

禪僧來到北邊的角落蹲下，青年法師點其頭道：「這是阿羅漢果！生死已了，好啦！」

老禪僧此時已證得阿羅漢果，歡喜無量，向青年法師頂禮，並拿來更多的美食供養青年法師。

青年法師看到老禪僧一臉誠懇的樣子，心裡有些慚愧似地說道：「我是和你開玩笑的，你可千萬別當真啊！」

老禪僧此時更加誠懇地說道：「你並沒有開玩笑，我已經證得阿羅漢果了。」

老禪僧參禪數十年，未能開悟證果，總是機緣未契。青年法師拿老人取笑，原本不該，卻反而為老禪僧助長了禪悟，真可謂是：「有心栽花花不開，無意插柳柳成蔭。」老禪僧對禪道一如既往的堅持，對青年法師的恭敬供養，崇尚慧解，「行解並重」，開悟證果則易如反掌矣！

禪宗所謂的「教外別傳」

禪林用語，是指不依文字、語言，直悟佛陀所悟之境界，即稱為教外別傳。又稱單傳。

割捨

吉凶禍福有來由，但要深知不要憂。只見火光燒潤屋，不聞風浪覆虛
舟。名為公器無多取，利是身災合少求。雖異匏瓜難不食，大都食足
早宜休。
魚能深入寧憂釣，鳥解高飛空觸羅。熟處先爭炙手去，悔時其奈噬臍
何。尊前誘得猩猩血，幕上偷安燕燕窠。我有一言君記取，世間自取
苦人多。

──唐‧白居易‧《感興二首》

有一位道行很高的禪師叫金代禪師，他特別喜歡蘭花，就在寺院旁邊一個
庭院裡栽植幾百盆品種各異的蘭花，他在講經說法的閒暇之餘，就悉心地照料
他的蘭花，所以大家都說：「金代禪師把蘭花視如自己的生命。」

有一次金代禪師因事要離開寺院一些時日，臨行前叮囑一個弟子替他照料
蘭花。這個弟子按照師父的要求，按時給蘭花澆水，很是細心，生怕照顧不好
蘭花，惹師父生氣。可是偏偏事不遂人願，他還是不小心將蘭花的圍架絆倒，
把整架的幾百盆蘭花都給打翻在地，滿地一片狼籍。暗想：要是師父回來時，
看到他這些心愛的盆蘭被我弄成這番景象，真不知會何等傷心、何等憤怒？於
是就找來師兄師弟們商量，應該怎樣向師父交代才好，最後決定等禪師回來
時，一定要勇於承認錯誤，並且甘願受罰。

幾日後金代禪師回來了，可是出乎所有人預料的是，禪師知道這件事後，
不但毫不生氣，反而平心靜氣地安慰他的弟子：「我之所以如此喜愛蘭花，就

是為了用香花供獻神佛，同時還為了使寺院的環境更加優美，並不是想生氣才種的啊！凡是世間萬物都是變化無常的，不要執著於喜歡的事物而難以割捨，因為這不是一個真正禪者的行徑！」

弟子聽完師父的一番話，那顆忐忑不安的心終於放下了。此後他更加精心修佛。

人生在世，需要做出許多抉擇，而最難做到的就是適當的放下。自己喜愛的固然是很難放下，可是自己不喜愛的也總是不肯放下。長此以往，愛與憎的念頭，便盤繞在我們的心間，又怎麼能快樂、自由？反過來，如果對自己喜愛的東西，能夠果斷的割捨，對不合意願的能夠接受，由此達到無愛無憎的境界，正如《心經》所云：「遠離顛倒夢想，究竟涅槃。」金代禪師的「不是想生氣才種花的」，這是多麼偉大的禪功！

棒喝

棒喝只是禪宗宗師們教授法運用的一種，禪師們的棒，不是專門用來打人的，只在研討問題的時候，有時輕輕表示一番，做為賞罰的象徵，後世的宗門，以及學禪的人，若是在老師那裡碰了釘子，受了批駁，都叫它做「吃棒」。 所謂「喝」，便是大聲的一叱，表示實罰的意思，和「棒」的作用是一樣的。

為聖不增，為凡不減

云何說諸蘊，諸蘊何有性，蘊性不可滅，是故說無生，分別此諸蘊，其性本空寂，空故不可滅，此是無生義。眾生即如是，諸佛亦復然，佛與諸佛法，自性無所有，能知此諸法，真如不顛倒。

—《華嚴經》

行腳僧有道禪師路過一間茶坊，當時正有些口渴，就順便進坊打算喝杯茶休息一會兒，店主一看是位僧人，就非常熱情的與他打招呼，並且問道：「大師！您一定很辛苦吧？喝杯茶嗎？」

只見有道禪師用不驚不擾、平平淡淡的眼神看了一下茶架，微微點一下頭，其他什麼話也不說。

店主好像也是一位禪道高手，謙恭謹慎地說道：「相信您是一位道行高深的禪師！那麼，禪師！小的一直都被一個問題所困擾，想請教您一下，如果您能為我解答，我就供養您！怎麼樣？」

有道禪師道：「你儘管問吧！」

店主問道：「古鏡沒磨過時是什麼樣子？」

有道禪師很快的回答道：「黑如漆。」

店主又問禪師道：「古鏡磨過以後又是什麼樣的呢？」

有道禪師又簡潔的回答道：「照天照地。」

店主很不以為然的說道：「禪師，對不起！請恕我不能供養。」說著就轉身進入了茶坊。

有道禪師一愣，心中暗想：「我參禪幾十年，現在卻不如個店主，可見他的禪道有多高了！」於是下定決心苦心閉門深修，以求徹悟。

三年過後的一天，有道禪師再次出現在這家茶坊的門口。店主仍然熱情地招呼道：「呵！三年未見，我仍想請教您那個老問題，『古鏡沒磨過時是什麼樣子』？」

有道禪師此次卻順口說道：「此去漢陽不遠。」

店主又問道：「古鏡磨過以後又是什麼樣的呢？」

有道禪師再回答道：「黃鶴樓

前鸚鵡洲。」

聽此回答，店主誠懇地說道：「請禪師接受我的供養！」適時轉身對店內呼道：「夥計！泡茶，快泡茶，快泡好茶！」

古鏡是否磨過，有道禪師說磨前黑如漆，磨後照天照地。這古鏡其實喻我們的自性，自性本自清淨，朗照，不生不滅，又怎能分別不曾磨過還是已經磨過。自性者為聖不增，為凡不減，所以有道禪師三年前不能認識自性之如古鏡，怪不得喝不到茶。三年後回答古鏡不曾磨過「此去漢陽不遠」；古鏡已經磨過「黃鶴樓前鸚鵡洲」；也就是能認識當下就是自性，所以能有好茶供養。

四禪比丘

指得四禪而自以為證四果，起增上慢且臨終時犯謗佛重罪，墮入地獄的佛弟子。傳說佛弟子中有一比丘，得四禪，起增上慢，謂得四道。得初禪謂是須陀洹，第二禪時謂是斯陀含，第三禪時謂是阿那含，第四禪時謂是得阿羅漢。恃是不復求進，命欲盡時見四禪中陰相來，便生邪見謂無涅槃，佛為欺我。生此惡見，故失四禪中陰，便見阿鼻泥犁中陰相，命終便生阿鼻地獄。

一切現成

處處逢歸路，頭頭達故鄉。本來現成事，何必待思量。

—宋·神照本如禪師的開悟詩

浙江的法眼文益禪師，在行腳前往閩南參訪的途中偶遇大雪，就暫時借宿在地藏院中，因為風雪持續了很多天，所以在這幾天中他與院的主持桂琛禪師相談甚為相投，等到雪停之後，文益與桂琛禪師告別，要繼續行腳前行。桂琛想送法眼一段路程，當兩個人走到寺門外時，桂琛禪師就邊指著路邊一塊大石頭邊問法眼文益禪師道：

「大德中常說三界唯心，萬法唯識，不知這塊石頭是在你心內還是在你心外呢？」

法眼文益毫不猶豫地回答道：「依照唯識學說，心外無法，當然是在心內了。」

桂琛禪師好像抓住了話柄，就追問道：「你現在是在行腳雲遊，為什麼要在心內放一塊石頭呢？」

法眼文益被他問得瞠目結舌、啞口無言，於是就決定繼續留下來，等解開這個謎團再走。法眼在地藏院中的這段時日，天天都把自己的心得呈報給桂琛禪師，可是桂琛禪師總覺得法眼的見解欠透徹。

有一天，桂琛禪師就對他語重心長地說道：「佛法可不是你現在想的這樣

子！」

法眼聽後，不得已又從其他角度呈上自己的見解，桂琛禪師卻仍然否定他說：「佛法也不是這樣子的！」

法眼多次呈報，都得不到桂琛的印可，只得慨嘆道：「現在我已詞窮意盡了。」

桂琛禪師聽後，接著補充一句道：「若論佛法，一切現成！」

在這句話的啟發下，法眼文益禪師大徹大悟，後來開法眼宗，引來門徒上千多，其中得法的達八十三人。

在佛法裡面，所謂馬上長角，頭上安頭，總不免多餘；「若論佛法，一切現成」，這是多完美的境界。我們心上所負擔的又豈止是一塊石頭，所謂的金錢、名譽、地位、愛情、生活等等，壓得人已經透不過氣來，還有那些是與非、得與失、榮與辱、苦與樂等，更是重上加重。如果能明白「一切現成」，又何必被唯心與唯識困擾？

三滲漏

又稱洞山三滲漏。曹洞宗之祖洞山良價將修行者所易陷之弊害歸納為三種：一、見滲漏，猶有我見之意，執著於知之事物，而不見真實。二、情滲漏，猶存情識之意，取此捨彼，乃含有彼此對立之思維方法。三、語滲漏，滯礙於語句，不知文字僅為了悟真理之工具，徒然用心於文字、語言之解明。

佈施金箔

大慈與一切眾生樂，大悲拔一切眾生苦。

—《大智度論》

有一個乞丐，在一個極為寒冷的冬夜裡，顫抖著手去敲榮西禪師的庵室。幾乎要哭泣地訴說道：「禪師！我的子女們和我的太太已經很多天沒吃一粒糧食了，我盡最大能力地想讓他們過上溫飽的生活，可是我始終沒能辦到，近期接連的冰霜冷雪又導致我的舊病復發，我現在真的是精疲力竭了，如果繼續這樣下去的話，我的妻兒子女們都會被凍死、餓死，禪師！請您幫助幫助我們吧！」

榮西禪師聽了這番話，特別同情他，可是身上既沒錢財，又沒有食物，怎麼能幫助他呢？他思索了片刻，不得已只好拿出囊中的金箔，這是準備替佛像塗裝用的，對乞者說道：「用這些金箔去換些錢財來應急吧！」

當時，座下有許多他的弟子，他們聽了禪師的決定，都以一種驚訝的表情看著他，隨之臉上浮現出了不滿的情緒，並且一起抗議道：「老師！那些金箔是用來替佛像裝金的，您怎麼能輕易地把它送給別人呢？」

榮西禪師極為和悅地對他的弟子說道：「也許你們無法理解我的做法，可是我確確實實是為敬重佛陀才這樣決定的。」

弟子們不明白老師說的是什麼意思，仍然憤憤地說道：「老師！既然您這

樣做是為了尊敬佛陀，那麼我們將佛陀聖像賣掉以後，用這些錢來佈施，我們這種不重信仰的做法也是尊敬佛陀嗎？」

榮西禪師堅定地答道：「我是重視信仰、尊敬佛陀的，即使讓我下地獄，我也將要為佛陀這麼做！」

弟子們還是不服，口中喃喃自語道：「把為佛陀聖像塗裝用的金箔送給別人，這就是尊敬佛陀？」

榮西禪師終於遏制不住大聲的斥責弟子們道：「佛陀修道時，割自己的肉來餵鷹，不顧生死去飼虎，這一切都在所不惜，佛陀他是如何對待一切眾生的？你們能真正認識佛陀嗎？」

　　弟子們此時此刻才醒悟過來，明白了榮西禪師的大慈大悲，原來他所做的，恰恰是與佛心真正相契合的。

　　釋迦牟尼有三十二相，八十種好的莊嚴，都是修行慈悲積聚功德而成的，所謂「無緣大慈，同體大悲」，只要有益於眾生，無論是金銀珠寶、土地莊園，甚至是身家性命，都可以佈施，一點金箔又能算得了什麼？榮西禪師的行為，真正奉行了佛陀的慈悲。在佛陀心中，你可以不是他的親人，也不必對他有什麼利益，他都施於同體的慈悲。我們不能僅僅為了佛陀身上的金箔，就將他的慈悲誤解。

四照用

又稱「臨濟四照用」。照，指對客體之認識；用，指對主體之認識。係根據參禪者對主客體之不同認識，所採取不同之教授方法，旨在破除視主體、客體為實有之世俗觀點。一、先照後用，針對法執重者，先破除以客體為實有之觀點。二、先用後照，針對我執重者，先破除以主體為實有之觀點。三、照用同時，針對我、法二執均重者，同時破除之。四、照用不同時，對於我、法二執均已破除者，即可應機接物，或照或用，不拘一格。

進入深山

三間茅屋從來住，一道神光萬境閒。 莫把是非來辨我，浮生穿鑿不相關。

—唐·龍山禪師

洞山禪師去訪問龍山禪師，龍山禪師問道：「沒有通往這座山的路，可是你是怎麼找到的呢？」

洞山禪師道：「咱們先不說這座山有沒有路，也不說我是怎麼進來的，現在先請問老師您是從哪裡走進這座山的呢？」

龍山禪師道：「反正我既不是從天上雲也不是從地下水來到這裡的。」

洞山禪師道：「請問老師！您從住進這座山開始，到現在有多少年的光陰了？」

龍山禪師回答說：「山中無甲子，世上的日轉星移都與我沒有關係。」

洞山禪師繼續問道：「老師，那我再問您，您與山究竟是誰先住在這裡呢？」

龍山禪師道：「不得而知！」

洞山禪師不解地追問道：「為什麼說不得而知呢？」

龍山禪師回答道：「我既不是天上之仙，也不是凡塵之人，我又怎麼會知道呢？」

洞山禪師更加疑惑的問道：「您既不是仙又不是人，難道您已經修練成佛了嗎？」

龍山禪師道：「也不是佛！」

洞山禪師：「那究竟是什麼？」

龍山禪師道：「說似一物即不中！」

洞山禪師終於又提出他的主要問題道：「您是為什麼才住進這座深山裡的呢？」

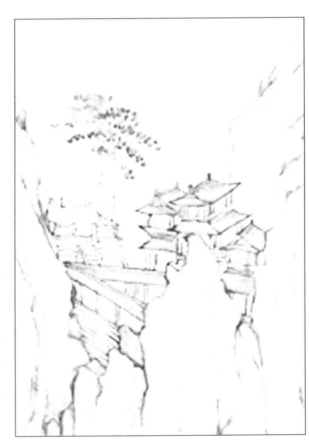

龍山禪師也跟著回答道：「因為以前我曾看見過有兩頭泥牛在相互打鬥，牠們一邊爭一邊不小心竟墜入了浩瀚大海，直到今天我也不曾看見牛的蹤影。」

洞山禪師聽完這番話，不由得對龍山禪師肅然起敬，立刻恭敬地對他膜拜。

　　這裡所提到的深山，就是指我們身體的五蘊山，我們如何才會進入這座深山呢？當然既不是從某一條具體的路進入的，也不可能是從天上掉落下來的，而應該是以業緣進入這五蘊山的！不過，深山裡是修道的好居所，藉著我們自身的這座五蘊山，所謂「借假修真」，怎能不值得我們恭敬膜拜呢？

禪門大德之六祖慧能大師

俗姓盧，祖籍范陽人，在唐高祖武德年間，因為他的父親宦於廣東，便落籍於新州。三歲喪父，其母守志撫孤至於成立，家貧，採樵為生，一日，因負薪到市上，聽到別人讀《金剛經》到「應無所住而生其心」一段，便有所領悟，別人告訴他這是黃梅（湖北）的禪宗第五代祖師弘忍禪師，平常教人讀的佛經，他便設法到黃梅去求學習禪（這時他並未出家為僧）。五祖弘忍禪師初見他時，便問：「汝自何來？」他便答道：「嶺南。」五祖說：「欲須何事？」他答：「唯求做佛。」五祖說：「嶺南人無佛性，怎麼做佛？」他答道：「人地即有南北，佛性豈有東西？」弘忍禪師於是收其為徒。弘忍禪師看到他寫的一首偈語：「菩提本無樹，明鏡亦非台。本來無一物，何處惹塵埃！」隨即傳付衣缽，為中國禪宗道統繼承人的第六代祖師。

安身在何處

當知生死及與涅槃，無起無滅，無來無去。其所證者，無得無失，無取無捨。其能證者，無作無止，無任無滅。於此證中，無能無所。畢竟無證，亦無證者。一切法性，平等不壞。

—《圓覺經》

有一次，唐朝的丹霞禪師在去拜見馬祖禪師的途中，碰到了一位白色長髯的老者和一個垂髫的童子。

丹霞禪師見這位老者氣宇不凡，於是走向前恭謹地問道：「請問大師，您安住在何處？」

老人伸手一指上下，回答道：「上是天，下是地。」意思是說天地之內都可以為他的家。

丹霞似乎抓住了老人的把柄，追問道：

「如果偶遇天塌地陷的時候您怎麼辦呢？」意思是說當宇宙天地毀滅時怎麼辦呢？

老人高聲呼叫道：「蒼天！蒼天！」意思是說宇宙天地是世事無常成住壞空的。

童子就在旁邊輕聲「噓」了一聲，這噓聲的意思是向丹霞禪師透露自家本性的住處是不生不滅的。

丹霞大聲地讚美道：「非其父不生其子。」

老人與童子隨後就進入山中了。

我們到底要住在什麼地方？

慈航法師說：「只要自覺心安，東西南北都好。」所以上是天，下是地，處處沒有家，處處都是家。

但是世間人都把自己安住在聲色貨利裡、安住在功名權力裡、安住在榮辱得失裡，而聲色貨利、功名權力、榮辱得失都是在不斷的變化之中，怎麼又能毫無他事地安住呢？

人如果能充分的肯定自己、堅定自己，不使自己被五欲六塵的境界牽著鼻子走，心能安穩住，那麼天崩地裂又能將我怎樣！

菩薩清涼月，常遊畢竟空，看到月亮在廣闊的夜空中旁無依靠，好像是特別危險，其實是極為安全，就因為菩薩安住於般若空性之中，無罣無礙，菩薩才能生活得此般自在。

禪林裡，開悟的老和尚試問對方的每一句話都含有禪機在裡面，理解一句話其中的含意，開悟與不開悟的人領悟、回答、表情都是不同的！也就是說，是在測驗你的開悟與否。有時候幾個開悟的老和尚、大德們還在一起試禪，互問言語互試禪機。又稱打禪杖、試禪風、打禪鋒。

般若智慧是財富

大智慧者，名正知見。得知見故，於生死中而生悔心，生悔心故不生歡樂，不生歡樂故能破貪心，破貪心故修八聖道，修八聖道故得無生死，無生死故名得解脫。如火不遇薪，名之為滅，滅生死故，名為滅渡。

—《大般涅槃經》

曾經有一個人，他在外面做生意，因為要過年了，就急急忙忙的想趕回家去過年，回家前突然想到要給太太帶些東西回去。於是就去街上走走看看，可是街市上的東西家裡都有，突然看到一個老和尚坐在路邊，身旁立著一個寫有「賣偈語」的招牌。就很好奇的問道：「咦！『偈語』是什麼呢？」

老和尚回答說：「你要買我的偈語嗎？我的一首偈語要賣二十兩黃金的，不過看你是一位有緣人，就一首偈語賣十兩黃金好了。」

「喔！偈語到底是什麼呢？竟然值十兩黃金？好貴重啊！不過我家沒有，就跟您買一個吧！」

這位老和尚就說偈語道：

向前三步想一想，
退後三步想一想，
嗔心起時要思量，

熄下怒火最吉祥。

「請你記住：你以後在發怒、生氣的時候，就把我賣給你的這一首偈語拿出來唸一唸。」

「僅這四句話就值十兩黃金嗎？不值！不值！你欺騙人！老和尚！！」

老和尚聽後哈哈大笑，不過這個商人覺得這個出家人已經年齡很大了，也沒和他計較，就回家了。回到家時恰恰是夜深的時候，家門並沒有上鎖，商人順手一推，門就開了。他想要招呼太太，但是太太好像已經睡著了，不過他發現怎麼會有兩雙鞋子在床底下呢？看得出一雙是女人的，一雙是男人的。他的憤怒油然而生，心想：「妳這個不知羞恥的賤人，我在外賺錢養家，妳竟在家做這樣下流的事。」一氣之下，立刻直奔廚房去拿菜刀，一心想要殺掉這一對姦夫淫婦。

正當他舉起刀要砍下去的時候，突然老和尚賣給他的偈語浮現在腦海中，於是他便唸起了那首偈語：

向前三步——想一想
退後三步——想一想
嗔心起時——要思量
熄下怒火——最吉祥

他就在那裡邊唸邊做，一進一退，一退一進的，發出了聲響，於是太太就被驚醒了。

太太醒來一看丈夫站在床前，就說：「唉喲！你瞧你，怎麼這麼晚才回

來？」

丈夫大怒道：「還說什麼，妳床上那個人是誰？」

「你活見鬼了，床上哪裡有人啊！」

「那地上這雙鞋子是怎麼回事？」丈夫指著鞋子責問。

「唉喲！今天都過年啦，可是這麼晚你都不回來，讓我好想念你啊，只想求個團圓的吉利，沒別的辦法只能把你的鞋子擺在床前啊！」

丈夫聽妻子這麼一說，就大聲說道：「真是有價值！有價值啊！就是黃金萬兩也價值！」

所以，真正的「智慧」能使你平靜下來，冷靜的處理事情，這樣才不會衝動，不會出現紕漏的。

梵鐘

寺院鐘樓中的大鐘。據說，藉著鐘聲，使人開啟心眼，而破煩惱。梵者，清淨之意。因係有關佛事，故稱梵鐘。梵鐘又稱洪鐘、撞鐘。據說，寺僧撞鐘所發之聲，能使眾生開啟心眼而破煩惱。佛教在許多東西上都加上一個「梵」以示其「源出印度」。

處處是路

萬丈洪崖倚碧空，人間有路不能通。奈何一點雲無礙，舒卷縱橫似疾風。

—宋・兜率《悅之偈》

學僧德照身患重病，臥倒在床上，整日長吁短嘆。

一天，洞山禪師前去看望他。

德照拉著洞山禪師的手，淚眼婆娑地說：「老師！求您發發慈悲救救弟子吧！弟子真心學道，難道您忍心看著弟子就這麼不明不白地死去嗎？」

洞山禪師道：「你是誰家的子弟？」

德照說道：「我是大闡提家的子弟。」

洞山禪師沉默不語，雙眼逼視著德照。

德照顯得非常焦急，他急切地說：「老師！四面全都是山，我該如何是好呢？」

洞山禪師說：「我以前也是從人家屋簷下走過來的。」

德照接著問：「假若如此，我和老師在屋簷下相遇，是互相迴避呢？還是相向而行呢？」

洞山禪師大聲地說：「不能互相迴避，應該直道而行！」

「不迴避，那老師要叫我到哪裡去呢？」德照追問道：

洞山禪師指示他說：「五趣六道、十種法界，處處是路，何必憂慮？如果你不放心，那你可以到開墾的田地裡去種一種稻糧！」

德照聽後，長嘆一聲說道：「老師！請您珍重。」隨後整個人像虛脫似地呆坐在那裡，不久便圓寂了。

洞山禪師將禪杖在他前面搖了三下，喃喃地說道：「可惜啊！你雖然能夠這樣出去，卻不能這樣回來。」

學僧德照世緣將盡，仍然念念不忘尋找生死之外的出路，正如他所說的那樣，四面高山逼近時，要如何才好呢？洞山禪師指示他「到處是路」，究竟哪一條是正路，得看他生前播下的是什麼種子。「墾地種糧」，這才是修道者應該注意的課題。德照找到了出路，安心地坐化而逝，但洞山禪師卻說他能夠那樣出去，卻不能那樣回來，可見就算禪者，如果要能來去自如，也不是一件容易的事！

禪堂

古稱僧堂或雲堂，與佛殿、禪堂同為禪宗叢林的主要堂宇，禪僧晝夜於此行道。《禪林器箋》說：「僧堂亦謂禪堂，言眾僧坐禪於此也。」禪堂二字首出《首楞嚴經》，此經中說道：「若諸末世愚鈍眾生，未識禪那，不知說法，樂修三昧，汝恐同邪，一心勸令持我佛頂陀羅尼咒。若未能誦，寫於禪堂，或帶身上，一切諸魔所不能動。」僧堂乃眾僧住、坐之地，因眾僧雲集，故又稱雲堂。古時僧堂本兼食堂，後世於禪堂外另設齋堂，如今叢林，齋堂在東，禪堂在西，這成為叢林定式。

畫裡的慈悲

《宗鏡錄》說：『以菩提心而為其因，以大慈悲而為根本，方便修習無上菩提。』菩薩因眾生而生大悲心，因大悲心而長養菩提，因菩提而成就佛道。

—當代・星雲大師

月船禪師的畫畫得非常好，可是他每次給別人作畫之前，一定要求購買者提前付款，否則他絕不動筆作畫，他的這種做法，引來很多人的微言批評。

有一天，一位女子請月船禪師為她作一幅畫，月船禪師就問她道：「妳能給我的報酬是多少呢？」

「你想要多少我就給多少！」那女子爽快地回答道：「但我有一個請求，我要請你到我家去當眾揮毫作畫。」

月船禪師答應了這個女子並跟著前去女子家中，原來那女子家中正在宴請賓客，月船禪師並沒理會這些，而是用上好的毛為她作畫，畫成之後，接過酬勞就想離開。沒想到那位女士竟對宴桌上的賓客們說道：「眼前的這位畫家他的畫雖然畫得不錯，但是他只知道要錢，他的心地是骯髒的，金錢取代了他的善美。這種作品出自於心靈如此污穢的人的手中，是不配懸掛在客廳展示的，它頂多也只能夠裝飾我的一條裙子而已。」

邊說著邊將自己穿的裙子脫下來，讓月船禪師在裙子的後面作一幅畫。月

船禪師不惱不怒地問道：「妳付給我多少錢？」

女士得意地答道：「哦，隨便你要多少，我就給多少。」

這次月船禪師開了一個尤為高昂的價格，然後按照那位女士的要求作了一幅畫，畫成之後立即離開了。

很多人對月船禪師的做法都很懷疑，為什麼他受到任何侮辱都無所謂，而只要有錢就好呢？他的心裡是怎麼想的呢？

後來人們才知道，原來在月船禪師居住的地方災荒連年，那些富人們都很自私不肯拿出自己的錢救助那些窮人們，所以他建築了一座大倉庫，貯存大量

稻穀以此來賑濟那些需要幫助的人們。又因為他的師父在活著時曾許下願望要建一座寺院，但不幸的是他的志願還沒有實現就去世了，身為弟子的月船禪師要替師父完成這個志願。

當月船禪師完成他的願望之後，就立即拋棄他的畫筆，隱居山林之中，從此不復作畫。他當時只說了一句警醒後人的話：「畫虎畫皮難畫骨，畫人畫面難畫心。」金錢，是醜陋的；心靈，卻是清淨的。

真正有禪心的人，從不計較人間的毀譽。就像月船禪師這樣，用自己的藝術才華，贏取淨財來救助他人、救助世界。他所作的畫不能稱之為一般的畫，而應該稱之為禪畫了。因為他作畫賣錢並不是貪財，而是在捨財，可是這世間又有多少人能懂得這種禪心呢？

如意

一詞出於印度梵語「阿娜律」，是自印度傳入的佛具之一，柄端做「心」形的，用竹、骨、銅、玉製作，法師講經時，常手持如意一柄，記經文於上，以備遺忘。

不給人懷疑

一切實相性清淨故,一身清淨;一身清淨故,多身清淨;多身清淨
故,如是乃至十方眾生圓覺清淨。一世界清淨故,多世界清淨。多世
界清淨故,如是乃至盡於虛空,圓裡三世,一切平等,清淨不動。

—《圓覺經》

鶴林玄素禪師,潤州延陵人,俗姓馬,當時的人都稱他為馬素,後來的人
更是隨著馬祖道一禪師都稱他為「馬祖」,可見他的知名度快要與馬祖差不多
高了。

一天有一個屠夫,特別仰慕鶴林禪師的道德聲望,準備了特別好的宴飲,
十分懇切地邀請鶴林禪師。鶴林禪師也就非常高興地前去赴宴了,他這一舉動
讓全寺眾人都為之驚訝不已,看大家那種表情,鶴林禪師泰然的說道:「佛性
平等,賢愚一致,但可渡者,吾即渡之。這復何差別之有!」

鶴林禪師說罷,就毫無顧忌地去接受屠夫的供養,回來後,禪師進入房間
緊閉屋門,也不和別人說話,有一個學僧去敲鶴林禪師的房門很多次。

鶴林禪師在房內問道:「誰啊?」

學僧趕緊回答道:「老師!是我。」

鶴林禪師回應道:「別說是你,就是佛祖也不能進來。」

學僧非常疑惑的問道:「為什麼連佛祖都不能進去呢?」

鶴林禪師答道：「因為這裡已經沒有地方供佛祖住宿了。」

學僧又問道：「那麼，老師，那什麼是祖師西來意？」

鶴林禪師答道：「到屠夫家中應供，就是祖師西來意。」

學僧聽了師父的回答，又繼續問道：「難道您不怕別人懷疑這種西來意的真實嗎？」

鶴林禪師語調平和的答道：「懷疑就是不懷疑，明白就是不明白。」又

說：「我這裡不存在懷疑的人，你如果懷疑就到其他地方去懷疑吧！因為我不認可不懷疑的事物，也不懷疑不認可的事物。」

學僧聽後，恍然大悟，在門外施禮離去。

在這世間，一般人都是既不相信別人，也不相信自己，時時抱著懷疑的態度，不願與人為善。屠夫雖然操持的是殺業，但他虔誠的供養，這是他實實在在的佛心，一個真正證悟禪道的人，我們怎麼能不接納他的佛心呢？

鶴林禪師不允許學僧進入屋內，目的就是不給人懷疑，身為真正的禪者每天都在找尋祖師西來意，可是卻沒有一顆慈悲之心，沒有方之慧，怎麼能夠參禪呢？

五家七宗

禪宗自初祖菩提達摩由天竺來華傳法創立，經歷二祖慧可、三祖僧璨、四祖道信，至五祖弘忍門下，分成北方以神秀為首的漸悟說和南方以慧能為首的頓悟說兩宗。後世以南宗頓悟說為正宗，慧能為六祖。慧能門下，有南嶽懷讓、青原行思兩系。後南嶽懷讓分為潙仰、臨濟兩派；青原行思分為曹洞、雲門、法眼三派，世稱五家；在臨濟下又有黃龍、楊岐兩派，合稱五家七宗。南宋以來，唯臨濟、曹洞兩派盛行，且流傳到日本，餘均不傳。

不做傳聲筒

道源不遠，性海非遙；但自己求，莫從他覓，覓亦不得，得亦不真！

──南北朝·慧思大師

從前有 位學僧去拜訪鐵舟禪師，懇請鐵舟禪師為他講解《臨濟錄》。

可是他沒想到鐵舟禪師說道：「這你就找錯人了，要聽對《臨濟錄》的講解，你最好到圓覺寺去找洪川禪師。」

學僧又說道：「不！我已經聆聽過洪川禪師的講解了。我聽說您是天龍寺滴水禪師的真傳弟子，我特別想聽聽您的講解。」

鐵舟禪師經過再三推辭，學僧仍不肯離去，無奈之下只好帶著這位學僧來到一處練武的場地，和他一同練起武來。一直練到兩人揮汗如雨，才停下來。停止練武之後，鐵舟禪師隨即帶著這位學僧又回到原來的法堂，一邊擦汗，一邊和善地對這位學僧說道：「怎麼樣？我的《臨濟錄》講得如何？」

學僧聽後大吃一驚，鐵舟禪師只帶我練了一趟武，不曾講過《臨濟錄》啊？禪師這一問，把學僧問得瞠目結舌，不知如何回答是好。

鐵舟禪師又問一遍：「我的《臨濟錄》講得好不好？」

學僧萬不得已答道：「禪師！您講的《臨濟錄》難道就是這一套劍譜嗎？」

鐵舟禪師此時才十分懇切地教示道：「因為我是劍客，所以我只擅長劍道，我雖然也跟著禪師學禪參道，但我不願像一般的禪者那樣做，首先應該清楚《臨濟錄》絕對不是紙上談兵，更不是能透過語言口舌可以學到的，至於家師滴水禪師的講解，我更是無從學起，因為我不是傳聲筒！」

學僧很不以為然地回覆道：「按禪師的說法，那麼歷代的祖師大德們傳法傳心，難道也都成了傳聲筒嗎？」

鐵舟禪師再開示這位學僧道：「傳法傳心自是傳法傳心，傳聲筒自是傳聲筒。」

不做一個傳聲筒，這就是真正禪者的獨有風格，人云亦云，這是鸚鵡學舌，那不是真正的禪，和傳法傳心不一樣。所以凡一切學術禪理，必須先自己消化，能融會貫通以後，才可成為言說。

中國禪林有「南有雪峰，北有趙州」的說法，又有「趙州眼光爍破四天下」的美譽。在中國的南方，江西雲居山真如寺山門聳立有「趙州關」，福建雪峰義存禪師的道場有「望州亭」。兩個人可謂是中國禪宗的泰山北斗。

不知道

明與無明，凡夫見二；智者了達，共性無二，無二之性，即是實性。實性者：處凡愚而不減，在賢聖而不增，住煩惱而不亂，居禪定而不寂。不斷、不常、不來、不去，不在中間及其內外；不生、不滅，性相如如，常住不遷，名之曰道。

——《六祖壇經·護法品第九》

宋朝的時候，有一叫曹翰的將軍，非常勇猛，殺人無數。一次，他在率軍討伐南方的賊寇之後，要途經廬山的圓通寺，寺中的僧人早都知曉曹翰率領的軍隊紀律性不強，於是都被嚇得四散奔逃，而只有寺中的住持緣德禪師穩如泰山，在法堂中端坐不動。曹翰高聲叫他，他不但不理不睬，甚至都不願瞧他一眼，曹翰看到這位大師如此舉動，他的自尊心受到了傷害，於是非常憤怒地說：「我的軍隊路過此地，只想在你的寺院借宿一宿，讓辛苦的士兵們休息一夜，你怎麼連一聲招呼都不打？你膽敢如此狂傲，難道你不曉得站在你面前的是一個殺人不眨眼的大將軍嗎？」

此時禪師平靜地睜開雙眼，說道：「你身為一個將軍站在佛前狂吼，這般無禮，難道你不怕遭到因果報應嗎？」

曹翰更加囂張的大吼道：「我管什麼報應不報應的，難道你不怕死在這裡嗎？」

緣德禪師也隨著高聲說道：「難道你不知道坐在你面前的是一個不畏生死

的禪僧嗎？」

曹翰為禪師的膽量驚訝不已，同時也被禪師如此強的定力所折服，語氣稍緩和些問道：「這麼寬大的一座寺廟為什麼只有你一個人，難道沒有其他的人了嗎？」

緣德禪師道：「只要你一敲鼓，他們聽到鼓聲就會回來。」

曹翰於是就用力敲鼓，敲了很長時間，但是沒有任何人回來。曹翰不高興地說道：「你不是在戲弄我吧！我已經敲了這麼長時間的鼓，可是怎麼還沒有

人回來呢？」

緣德禪師從容道：「那是因為你帶著很重的殺氣在打鼓，請你唸一句『南無本師釋迦牟尼佛』，敲一下鼓，重複這樣做！」

於是，曹翰就按照禪師的說法邊唸佛邊打鼓，時間不長，那些藏起來的寺僧們都匆匆跑回來了。此時曹翰停止敲鼓，合起掌非常有禮地問道：「請問禪師這事情的原因是什麼？」

禪師平靜地回答道：「我是緣德。」

曹翰聽後非常驚訝，立即跪在禪師前祈求道：「德高望重的緣德禪師原來就是您！禪師，懇請您指示我，我怎麼才能在戰爭中克敵制勝呢？」

緣德禪師一臉漠然地答道：「不知道！」

自古以來，每逢社會戰亂，總會有一些大德護衛道場，願意與寺廟共生死，就像緣德禪師，這才是勇敢、慈悲、智能之人。兵難臨頭，堅守不離是勇，叫人唸佛是慈，即興應答是智。尤其是求取戰爭取勝之道，則回答「不知道」，是真智、仁、勇之大德也，這難道不是禪心的功用嗎？

隨喜禪

對於不曾接觸過禪修的初學者或團體，基於興趣、好奇，想一探禪堂及禪坐為何物，提供一、兩小時的入門練習，淺嚐短暫的寧靜滋味，是為隨喜、結緣的性質，以培養善根因緣，為日後深入禪修的導引。

參禪的法器

士人有百折不回之真心，才有萬變不窮之妙用。立業建功，事事要從實地著腳，若少慕聲聞，便成偽果；講道修德，念念要從虛處立基，若稍計功效，便落塵情。

—明‧洪應明《菜根譚》

法遠圓監禪師，為鄭州王氏子。在沒有證悟之前，和天衣義懷禪師聽說葉縣那個地方有位歸省禪師佛法很高，於是一起前往那裡參叩。那時正是寒冬季節，恰逢天降寒雪，大雪紛飛飄揚。共同來到歸省禪師住所向他參叩的人數共有八個，歸省禪師一看見他們立即呵斥責罵，想將他們驅逐，這些人都不願意離開，歸省禪師就用水潑他們，他們的衣褥全都被淋濕了。其中有六人實在不能忍受歸省禪師的行為，都憤然離去，只有法遠和義懷整衣敷具，長久的跪在那裡祈求接納不肯退去。

沒過多久，歸省禪師又出來喝斥他們道：「你們還不快快離開，難道等我拿棍棒驅打你們不成？」

法遠禪師跪在地上誠懇謙恭地回答道：「我們二人不遠千里來到這裡就是為了參學，怎麼能因用一瓢水潑之就離開呢？即使您用棍棒責打我們，我們也不會離開的。」

歸省禪師無可奈何似的說道：「既然是真的來參禪，那就去掛單吧！」

他們兩人掛單之後，法遠禪師曾經擔任典座（煮飯）的職務，有一次他沒稟告師父，就取出油麵給大眾做五味粥。

當歸省禪師知道這件事之後，他非常生氣地訓斥法遠道：「盜用常住之物，私自供給大眾，除按照清規受打外，並且應按值償還！」說完後，罰了法遠禪師三十香板，將他的衣物都估價後，一一償還完畢，法遠就被趕出了寺院。

法遠禪師雖然被逐出山門，但仍然不肯離開，每天在寺院的房廊下立臥。歸省禪師知道這件事後，又厲聲呵斥道：「這是院門的房廊，是常住公有之所，你憑什麼在這裡行臥？請算好房租還給常住！」說後，就命人計算房租，法遠禪師對此並無難色，而是立刻到市街上為人誦經，用化緣所得來償還房租。

事情過去不久，歸省禪師對眾人說道：「法遠是參禪的真正法器！」並讓侍者請法遠禪師再次進入佛堂，當眾付給法遠法衣，取號為圓監禪師！

法遠禪師一生最得力的地方就是「為法忍耐」，用今天的話說，就是能經得起考驗。歸省禪師一開始不接受他，用水潑他、罵他、打他，掛單後甚至因一次犯錯罰他將衣物賣掉，補償公眾財物，即使是立睡在房廊下，也要交房租，可是這一切都沒有打退法遠不惜千里求法的心願，難怪連歸省禪師最後都稱讚他是真正的法器了。

看今日學者青年，說是在參學，如果衣食住所待遇不佳，就匆匆忙忙離

開；如果人情禮節不夠周到，就憤憤然離之他去，與他們比起來，法遠禪師確實可敬可嘆。

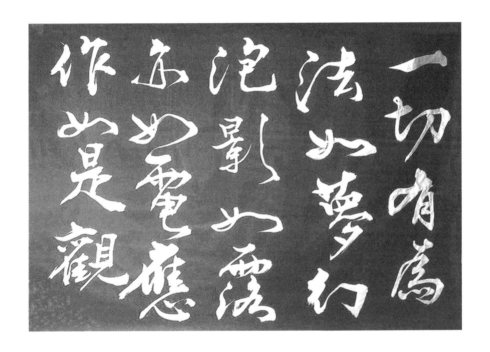

近代太虛法師也曾把中國禪分為依教修心禪和悟心成佛禪兩大類，又在依教修心禪中又細分出安般禪、五門禪、念佛禪和實相禪等，在悟心成佛禪中則分出超佛祖師禪、越祖分燈禪等。

禪味生活

萬杉離立翠雲幢，嫋嫋移聞晚吹香，山下行人塵撲面，誰知世界有清涼。

—南宋·范成大 《徑山傾蓋亭》

唐朝時期，有一位隱居在湖南南嶽的一個山洞中的懶瓚禪師，曾寫下一首詩，抒發他的心境：

世事悠悠，不如山丘，

臥藤蘿下，塊石枕頭；

不朝天子，豈羨王侯？

生死無慮，更復何憂？

這首詩揭示了他的悠閒、灑脫的生活，唐德宗看到這首詩後，很想拜見一下這位禪師，看看他到底是一個怎樣的人物。於是就派遣大臣去南嶽迎請懶瓚禪師，這位大臣攜帶聖旨找到了懶瓚禪師所住的岩洞，正好巧遇禪師在洞裡舉炊，大臣於是在洞口高聲喊道：「聖旨到，快快跪下接旨！」此時懶瓚禪師站在洞口，裝聾作啞地根本毫不理睬這位大臣。

大臣往山洞口探頭瞧望，只見禪師正用牛糞生火，在爐子上放的是白薯，此時爐火愈燒愈熾烈，煙霧瀰漫，火光繚繞，整個洞裡洞外被黑霧所繚繞，把禪師薰得涕淚橫流，大臣旁邊的侍衛看見這樣的場景，忍不住衝著禪師喊道：「喂！大師，您的鼻涕都流下來了，怎麼不擦一下啊？」

懶瓚禪師頭也不回地答道：「我哪有時間為俗人擦鼻涕？」

懶瓚禪師說完，隨後又夾起烤得炙熱的白薯，送到嘴裡，咀嚼起來，邊吃還邊連聲誇道：「好吃！好吃！」

大臣看到禪師如此行為，感到非常驚奇，一個個目瞪口呆，因為懶瓚禪師他現在吃的不是白薯而是一塊塊的硬石頭。懶瓚禪師不但自己吃，還順手取了兩塊遞給大臣，並說道：「請趕緊趁熱吃了吧！三界唯心，萬法唯識，富貴貧賤，生熟軟硬，心田識海中不要把它們分在兩邊。」

禪師這些奇異舉動和所說的這些難懂的佛法，使這位大臣不敢回答一句

話，只好回到朝廷向皇上如實稟告一切，德宗皇上聽了萬分慨嘆地說道：「國有這樣的禪師，真是大家的福氣啊！」

在出家人裡面，不是所有的出家人都一樣，在他們中間既有人間比丘，也有獨居比丘。人間比丘弘揚佛法，施利眾生，服務社會；獨居比丘則是深居山洞岩穴，清淨修道。有些人間比丘他們人在俗世，心在深山；而有些獨居比丘他們人在道場，可是心在世俗。像懶瓚禪師，將皇帝的寵召，視為閻王的召魂；把賞賜的寶物，看成是負擔；這實實在在是一個逾越人間的聖僧了。

東土五祖

禪宗尊摩訶迦葉為印度初祖。傳至菩提達摩為第二十八代。達摩來到東土以後，又依次傳二祖慧可、三祖僧璨、四祖道信、五祖弘忍。此即所謂的「東土五祖」。

化得今身是法身

反觀父母所生之身，猶彼十方虛空之中，吹一微塵，若存若亡。如湛巨海，流一浮漚，起滅無從。

—《楞嚴經》

無根禪師在一次入禪定時，一連入定了三日，徒眾們誤認為師父已經圓寂，便將他的肉身用火焚化了。過了幾天，無根禪師的神識出定，卻無法找到自己的身體。於是禪師的神識只得日夜飄蕩在寺院的各個角落，尋找歸宿。寺裡的僧人經常聽到禪師悲戚地自言自語：「我？我在哪裡呢？」尤其是到了晚上，禪師的聲音更加悲切，全寺的人既愧疚又害怕，一時間惶惶不可終日。

一天，無根禪師的道友妙空禪師來到了寺裡，他對僧眾們說：「諸位不必驚慌，今天晚上，我就住在無根禪師的房間裡等他到來，我要和他好好談談。請你們為我準備一桶水和一盆火，我要讓他瞭解什麼才是真正的『我』。」

夜深人靜時，找身體的無根禪師又開始悲傷地喊叫：「我呢？我到哪裡去了？」

妙空禪師在禪堂裡聽到後，安詳地回應道：「你到泥土裡找找看！」

無根禪師聽後便一頭鑽進了地裡，東尋西找，尋覓了很久，都沒有找到，出來後失望地說：「泥土裡面沒有我呀！」

妙空禪師道：「你到虛空中找找看，或許在那裡。」

無根禪師又升到虛空中尋找了很久，依然沒有找到自己的身體，他回來對妙空禪師說：「我上天入地都沒有找到自己的身體，它還能在什麼地方呢？」

妙空禪師指著水桶說道：「大概是在水裡吧？」

無根禪師自在地進入水中，出來後更是一臉失望地說：「我到底在哪裡？水裡也沒有呀！」

妙空禪師手指火盆說：「到那裡面去找找看！」

無根禪師進入火中，仍是一無所獲。

這時，妙空禪師對無根禪師大聲喝道：「你既能夠升騰於九天之上，又能夠出入於黃泉之中，遇水不浸，烈火不焚，你還要那個渾身骯髒、處處不自由的色殼子做什麼呢？」

無根禪師聽後，猛然有省，從此再也不吵鬧找「我」了。

色身並非真我，它是無常之物，有礙有病，很難得到真正的自由。法身才是真我，它遍滿虛空，充塞法界，乃是「亙古今不變，歷萬劫常新」之體。禪者證悟真心，應與法身相應，如果念念不忘臭皮囊，焉能解脫？

四祖道信、五祖弘忍之禪，時稱「東山法門」。禪宗至「東山法門」，才真正算得上初創。五祖弘忍門下，出慧能與神秀，禪宗遂分化為慧能南宗和神秀北宗這兩大基本派別。慧能被視為禪宗正脈，是達摩以來以心傳心的第六代祖師，世稱「六祖」。六祖慧能門下形成了荷澤神會、青原行思和南嶽懷讓三大系。青原系和南嶽系下又進一步演化出五家七宗，進而在全國形成巨大規模。

無上法寶

觀自在菩薩行深般若波羅蜜多時，照見五蘊皆空，渡一切苦厄。

—《般若波羅蜜多心經》

達摩祖師本名叫菩提多羅，他出身於婆羅門貴族，是香至王的第三個兒子，後來遇到般若多羅，渡化出家，法號菩提達摩。

達摩在沒有出家之前，就已經具備了超人的才智和脫俗的善根。

一次，般若多羅尊者指著一堆珠寶對達摩三兄弟說：「你們知道比珠寶更貴重的東西是什麼嗎？」

大哥月淨多羅說：「我認為沒有什麼東西能比這些珠寶更為珍貴，它們是我們王室富貴的象徵，有了這些珠寶，我們就可以乘肥馬衣輕裘，過著錦衣玉食的生活。」

二哥功德多羅接著補充說：「有了這些珠寶，我們就可以肆意玩樂，而不用擔心自己的吃穿了。」

老三菩提多羅卻不同意這種說法，他說：「我不同意兩位哥哥的看法，這些金銀財寶，餓了不能當飯吃，冷了又不能當衣服穿，根本就沒有什麼價值！」

兩位兄長聽後，齊聲責問道：「這些珠寶雖然不是糧食和衣物，但是它能買來這些東西！你認為什麼才算是有價值的？」

菩提多羅不慌不忙地說：「這些珠寶有無價值，它自身並不能認知，必須假以人們的智慧去分辨，否則與破銅爛鐵沒什麼區別。而佛陀所說的佛法真理，才是真正的法寶，它是由人們的般若所發揮出來的智慧，不僅能自照，而且還能區分出各式各樣的珠寶，更能分辨出在世間與出世間的一切善惡諸法，所以在各種寶物中，真正最尊貴的應該是佛陀的無上真理……」

般若多羅尊者一邊聽，一邊不住地點頭稱讚。等到兄弟三人說完了各自對珠寶的看法後，般若多羅尊者就把他們召集到身邊，語重心長地說：「世人眼裡的寶物無外乎是金銀細軟、珠寶首飾之類，而出世間的寶物卻是佛、法、僧三寶。此三寶是人人本具，個個不無的真心本性。金玉珠寶有毀壞的時候，真心本性卻能薪火相接，世代相傳。

菩提多羅聽後，若有所悟。

從此，王室中少了一位王子，禪門裡多了一位大德。

達摩才智超脫，見解不為世俗所約束，出家之後，繼承般若多羅的衣鉢，成了西天佛國第二十八代祖師。他在南北朝的時候，歷盡千難萬險來到了中國，在嵩山少室峰面壁九年，最終修成了正果。他創立的禪宗，一花五葉，分燈無盡，正所謂「一念慧解，光照無盡」，無上真理才是最珍貴的法寶。

中國禪來自於印度禪，又不同於印度禪。中國禪的許多術語、方法、內容，都來自於印度禪，但它們在中國的社會歷史條件下，在傳統思想文化的影響下，都有了很大的演變和發展。有些禪的術語完全被賦予了新的涵義，還有一些則完全是中國的創造。前者如「如來禪」，後者如「祖師禪」。至於禪宗，那也是佛教中國化特有的產物，在印度並沒有禪宗。但中國禪宗「以心傳心」，延續的是佛陀的心法，繼承的是佛教的根本精神。

真心不昧

『摩訶般若波羅蜜』是梵語，此言大智慧到彼岸。此須心行，不在口念。口念心不行，如幻如化，如露如電。口念心行，則心口相應，本性是佛，離性無別佛。

—《六祖壇經》

夢窗國師一連七年擔任天龍寺的帝師，一直都很受朝廷恩典，更深受廣大民眾和佛教徒的愛戴。有一天，在回京的路上，經過妙心寺，順便去拜訪了關山禪師。

關山禪師得知夢窗國師來訪，急忙披上一件破舊的帶有環藤的袈裟，一路小跑到山門外去迎接夢窗禪師。二人見面後談得非常投機，越說越高興。但是，關山禪師的妙新寺非常的貧窮，實在是拿不出什麼東西好好的招待夢窗國師，實在沒辦法，關山禪師就從自己的硯盒裡拿出幾文錢，叫侍者在附近買幾個燒餅來供養國師，國師能夠領會也非常感激關山禪師的一片心意，所以也就不客氣地吃完燒餅後才離開的。

平時夢窗國師入宮時，總是跟著很多隨從，場面特別壯觀。有那麼一天，宮中又宣召國師，夢窗坐在轎子上漫不經心的向外瞧著，當又經過妙心寺門前的時候，看到關山禪師正獨自在門前打掃庭院，他不是把那些落葉當作垃圾丟棄，而是聚集起來拿回去當作柴燒。

夢窗看到以後，不禁對自己身邊的侍者們嘆息道：「我的宗門被關山奪去

了。」

關山禪師也經常去拜訪夢窗國師，他每次去拜訪夢窗國師的時候，肯定會停在寺前的小溪流邊，先洗好腳然後再進寺院，這樣避免鞋上攜帶的泥土，玷污了天龍寺華美的殿堂。後來，夢窗得知此事，就特地吩咐天龍寺的學僧把一塊平平的大石頭搬來，平放在溪邊可以洗腳的地方，這樣可以讓關山禪師洗腳的時候更加方便一些。

過了很久以後，關山禪師才得知這塊大石頭是夢窗國師派人放在那兒的，不禁嘆曰：「國師就是國師，他的宗門基礎比這塊大石頭還要堅硬啊！」

現在這塊「關山禪師洗腳石」還保存在妙心山內的大龍院裡。

佛法以恭敬之心才可求得，佛法深入生活之中才能修得，關山禪師把這一點做到了極致。親自灑掃庭院，是勤勞，不捨棄落葉，是惜福愛物。用比金塊寶貴的硯台盒裡的銅錢去買味道最好的燒餅來供養國師，其尊敬之真心不言而喻，甚至在拜訪時，都要先行洗腳而後進山，關山禪師的作為，著實讓人尊敬，怪不得夢窗國師要說他的宗門被關山禪師奪去了。

臭皮囊

「皮囊」稱「革囊」，就是皮革製成的袋子，比喻人身。「臭皮囊」這句俗語源於較早譯出的《四十二章經》：「天神獻玉女於佛，欲以試佛意、觀佛道。佛言：『革囊眾穢，爾來何為！以可誑俗，難動六通。去，吾不用爾。』天神愈敬佛，因問道意。佛為解釋，即得須陀洹。」佛把天仙美女視為盛滿污穢之物的皮袋子，這叫做「不淨觀」，專用以破除淫慾。

真正的自己

心是一顆明珠。以物欲障蔽之，猶明珠而混以泥沙，其洗滌猶易；以情識襯貼之，猶明珠而飾以銀黃，其洗滌最難。故學者不患垢病，而患潔病之難治；不畏事障，而畏理障之難除。

——明‧洪應明《菜根譚》

法眼禪師舉行法會，一所寺院的監院師父也前去參加了，法眼禪師問這位監院師父道：「你從什麼時候就參加我的法會啊？」

監院說：「我從三年前就已經開始參加禪師的法會了。」

法眼：「那你為什麼不專門來我的房室問我佛法呢？」

監院：「不瞞您說，我已經在青峰禪師那裡參悟了佛法。」

法眼：「你是怎麼領悟佛法的呢？」

監院：「我曾經請示青峰禪師說：『一個參學佛法的人，如何才能真正的認識自己呢？』青峰禪師非常簡潔的回答我說：『丙丁童子來求火。』」

法眼讚嘆道：「說得好。但是，你是怎麼瞭解這句話的含意的呢？」

監院答道：「丙丁是屬火的，用火來求火，這就是告訴我們什麼事都要求助於自己。」

法眼堅定的答道：「你果真沒有瞭解，如果佛法就是這麼簡單的話，就不會從佛陀那時傳承到我們今天了。」

監院聽了法眼的話非常氣憤，他覺得法眼禪師輕蔑了自己，於是就生氣地離開了法眼禪師。

可是他走到中途又想：「法眼禪師可是個博學多聞的人，並且現在有五百人以他為導師，他對我說的話，一定自有他的道理，一定是忠告。」

於是他又原路返回，向法眼禪師虔誠的懺悔，又謙恭的請教道：「禪師，請問您學佛的人真正的自己是什麼樣的呢？」

法眼答道：「丙丁童子來求火。」

監院聞聽此言，突然恍然大悟。

事實就是這樣，即使是同樣的一句話，也會有兩種不同的層次，甚至可能有更多的層次。同是下雨，賣傘的人與沒有傘的人，就可能會有不同的想法，所以對於真理而言，不要鑽牛角尖，「反求諸己」當然重要，但廣為通達則是更重要的。

十六羅漢

是釋迦牟尼佛的弟子，他們遵佛的囑託，不入涅槃，常住人間，普渡眾生。十六羅漢的名字，最早出現在唐朝玄奘法師譯的《大阿羅漢難提蜜多羅所說法住記》中。他們分別是「坐鹿羅漢」、「喜慶羅漢」、「舉缽羅漢」、「托塔羅漢」、「靜坐羅漢」、「過江羅漢」、「騎象羅漢」、「笑獅羅漢」、「開心羅漢」、「探手羅漢」、「沉思羅漢」、「挖耳羅漢」、「布袋羅漢」、「芭蕉羅漢」、「長眉羅漢」、「看門羅漢」。

隻手之聲

漚生漚滅，大海湛然，本來面目認全體；雲起雲消，虛空不動，脫落
身心得總持。修無修法，法無法時，隨時放下，覺所覺空。

—《宗鏡錄·卷29》

有一位小沙彌叫南利，他每天看見師兄們早晚都去禪堂裡參禪，感覺非常
羨慕，有一天他鼓起勇氣請求默雷禪師允許他也能和師兄們一同進入禪堂參
禪。默雷禪師慈善的對他說道：「參禪是要用心的，可不能遊戲、玩樂，你現
在的年紀太小很難做到，等你再長大一點再說吧！」

沙彌南利不肯就此甘休，就再三懇求默雷禪師道：「禪師！我一定會善始
善終的，就請您給我這個機會吧！」

默雷禪師萬不得已，面對小南利的誠懇態度只得允許道：「好！那你聽
著，一般情況下兩手拍掌的聲音你能夠聽見，但現在你進入禪堂，就給我展示
出一隻手的聲音來。」

南利沙彌聽後，深鞠一躬退出法堂，用心仔細捉摸禪師的這個問題。此
時，他路過視窗，聽到不知從什麼地方傳來的演奏樂器的聲音，他高興地大聲
叫道：「我會做了！」於是就來到禪師面前把自己所聽到的聲音重新演奏給禪
師聽。

默雷禪師否決道：「不對！不對！那不是真正的隻手之聲。」

南利心想：那種演奏的音樂也許會打岔，於是就轉到一個偏僻幽靜的處所，用心思量到底什麼才是「隻手之聲」，正投入時耳邊忽然傳來水滴的聲音，於是就立刻跑到禪師的面前，又為他模擬了滴水的聲音。

默雷禪師聽後又否決道：「那不是隻手之聲，而是滴水之聲。還要再參！」

南利沙彌只有打坐，虔心諦聽隻手之聲，可是總是一無所獲，每天聽到的除了風聲、蟬聲，就是蟲鳴、貓頭鷹叫。如此三年，去默雷禪師那裡問過十幾次，都被禪師否決了，那到底什麼才是真正的隻手之聲呢？他不斷觀照禪心，而後終於超越了一切聲音，進入了真正的禪定。

最後南利沙彌說道：「原來世間的一切聲音都是無常的，只有那種無聲之聲才是『隻手之聲』。」

「雙手互相拍擊會發出聲音，一隻手能有什麼聲音呢？」這是白隱禪師所創始的有名的公案。即是兩隻手掌互相拍擊時能有聲音，但是，對於一個真正的禪者而言，就

應聽出一隻不加拍擊的手所發出的聲音來。

　　白隱禪師這樣做的用意就在於透過這種無義的公案，讓人直入無法區分的世界。白隱禪師曾經把五祖法演禪師和大慧禪師以來的「趙州無字」公案，讓初學者去修行，但是，「無」字比較難以引起疑團，因此，又提出「隻手之聲」的公案，以此引導修行者深入參究，最終比較容易的引導修行者達到了悟的境界。默雷禪師教導沙彌南利的悟道方法，終於取得了很好的效果。

關於「十八羅漢」的由來

古代的中國人認為「九」是吉利數字，因此總認為「十六」沒有「十八」（兩個「九」）好，如「十八般武藝」、「十八學士」等，所以在唐朝以後，十六羅漢又被加了兩個尊者，成了「十八羅漢」。宋朝的志磐在其《佛祖統記》中認為：第十七位羅漢和第十八位羅漢應該是迦葉尊者與君徒缽嘆尊者。直到清朝乾隆年間，乾隆皇帝和章嘉呼圖克圖活佛認為：十八羅漢的最後兩位應該是降龍羅漢（迦葉尊者）和伏虎羅漢（彌勒尊者），降龍伏虎很合中國人的口味，再加上是欽定，從此十八羅漢便被規定了下來。

松雲渡母

情之同處即為性，捨情則性不可見，欲之公處即為理，捨欲則理不可
明。故君子不能滅情，唯事平情而已；不能絕欲，唯期寡欲而已。

—明‧洪應明《菜根譚》

松雲禪師皈依佛門後，因為掛念年老的母親無人照顧，就自己建了一座禪
舍，將母親接來同住。

松雲每天除了參禪打坐之外，還挪出時間替人抄寫佛經，以此賺些生活費
用。

每次他上街為母親買魚、買肉時，路上的人總指指點點地說：「那是個酒
肉和尚！」

面對別人的閒言閒語，松雲從來不做任何解釋，依舊我行我素。他母親卻
放不下別人的批評，因此也跟著出家食素。

一天，一位美麗的女子請他到家中說法，松雲沒有推辭，逕自跟著女子走
了。有好事者卻傳言說：「松雲是個道貌岸然的花和尚，有人曾親眼看見他到
妓院去嫖妓！」

鄉人信以為真，聚眾搗毀了他的禪舍，並將他趕走。松雲萬不得已，只好
把母親託付給別人照顧，自己出外雲遊參訪。

　　一晃數年過去了，母親因思兒成病，不久就過世了。鄉人不知松雲在何處，只得草草收殮，等松雲回來再入土安葬。

　　不久，松雲風塵僕僕地趕了回來，他在母親靈柩前站了許久，用手杖敲打著棺木說道：「慈愛的母親！您的孩兒回來了！」

　　說完，又學母親的口氣說：「松雲！看到你學成歸來，我很高興！」

　　「我也是！母親！」松雲又自語道：「孩兒用此禪道，迴向您上生佛國，再也不會來人間受苦受氣！」

　　說罷，回過頭來對鄉人說：「喪禮結束了，可以安葬！」

　　松雲在五十六歲時預知大限已到，便召集弟子辭別，並在母親遺像前上香，寫下一首偈語：「人間逆旅，五十六年；雨過天晴，一輪月圓。」寫完後，安詳而逝。

　　人世間的是非曲直、光明黑暗，說好的未必好，說壞的未必壞。松雲禪師雖然備受冤屈，卻助長他的禪道。他沒有來得及見母親的最後一面，卻回報了她，讓母親去佛國安息。

　　只要有禪，就沒有悲苦，就沒有怨恨，禪是幸福安樂的泉源。

伽藍

梵語sajghārāma之略譯，全譯為僧伽藍摩。又稱僧伽藍。意譯眾園。又稱僧園、僧院，原意指僧眾所居之園林，一般用以稱僧侶所居之寺院、堂舍。到了後世，一所伽藍必須具備塔、金堂、講堂、鐘樓、藏經樓、僧房和齋堂這七種建築物，這些建築物的名稱或配置，因時代或宗派之異而有所不同。

早就放下了

憂生於執著，懼生於執著；凡無執著心，亦無所憂懼。

—禪家妙語

坦山和尚從小就勤奮好學，遍覽佛家經典，雖然年紀輕輕，卻悟道頗深。

一天，坦山和尚準備去拜訪一位佛門大德，那位高僧住在數十里之外的一座山上。

早晨，天空陰沉沉的，遠處還不時傳來陣陣的雷聲。師徒二人來到了寺門口，徒弟瞭望天空，猶豫了一下，輕聲地說道：「師父，天快下雨了，還是等等再走吧！」

坦山和尚連頭都不抬，戴上斗笠，背上傘就跨出了門，邊走邊說：「出家人怕什麼風雨。」徒弟沒有辦法，只好緊隨其後。

兩人剛走不遠，瓢潑大雨便傾盆而下。師徒二人合撐著傘，頂風冒雨，相互攙扶著深一腳淺一腳艱難地向前行進。

此時正是初秋時節，冷雨打在身上十分難受，加上道路泥濘，徒弟便乞求師父原路返回。坦山和尚不為所動，大聲說道：「出家人連這點苦都忍受不了，還怎麼去行腳參禪！」

徒弟心裡暗暗叫苦，沒有辦法，只得硬著頭皮向前走。好幾次徒弟都差一點滑倒，多虧坦山即時拉住了他。走著走著，徒弟突然站住了，兩眼直直地看

著前方，就像被人施了定身法似的。坦山順著他的目光望去，只見不遠處的路邊站著一位年輕的姑娘，她站在雨中，渾身都被雨淋濕了，衣服緊緊的貼在身上，難怪徒弟吃驚得發呆呢！

這位姑娘此刻秀眉微蹙，面露難色，原來她被腳下一片泥沼擋住了去路，她無法跨過去，正在那裡發愁呢！

坦山和尚大步走上前去說：「姑娘莫急，我來幫妳！」說完，伸出雙臂，將姑娘抱過了那片泥沼，放下後又繼續趕路。

一路上，徒弟悶悶不樂地跟在坦山和尚的身後，一句話也不說。

臨近黃昏的時候，雨終於停了，他們找到一個小客棧投宿。當坦山和尚洗完腳準備上床休息時，小和尚終於按捺不住了，他說：「我們出家人應該不殺生、不偷竊、不淫邪、不妄語、不飲酒，尤其是不能接近年輕貌美的女子，您怎麼可以抱著她呢？」

「誰？哪個女子？」坦山和尚愣了一下，隨後微笑著說，「噢，原來你是說我們路上遇到的女子。我早就把她放下了，難道你還一直抱著她嗎？」

錫杖

僧人攜帶的道具，比丘乞食時，只能用此杖擊地出聲，請人出來，故又名聲杖。此杖原有三個目的：一、為驅逐野獸毒蟲用；二、為年老人用；三、為保衛自己。此杖頭部用錫，中部用木，下部用牙或角製成。僧人持杖往外雲遊時叫做「飛錫」，住下某處叫做「留錫」或「掛錫」，外出布教時叫做「巡錫」。

何必苦追尋

世人終日口念般若，不識自性般若；猶如說食不飽，口但說空，萬劫
不得見性，終無有益。

—《六祖壇經》

曹山本寂禪師初次參訪洞山良價禪師時，洞山禪師問道：「你是從什麼地
方來的？」

曹山禪師回答說：「我從西院來。」

洞山禪師又問道：「請問大德，你叫什麼名字？」

曹山禪師答道：「某甲！」

洞山禪師大聲道：「你可不可以說清楚一些！」

曹山禪師也大聲回答：「沒什麼好說的！」

洞山禪師又問：「為什麼不說呢？」

曹山禪師答道：「因為我不叫某甲。」

洞山禪師聽後十分滿意，便讓曹山禪師在其座下參學，並時常指點他一些
參禪的法要。

一天，曹山禪師向洞山禪師辭行，洞山禪師問道：「你要到什麼地方去？」

曹山禪師說：「我到沒有變化差別的地方去。」

洞山禪師說：「沒有變化差異的地方，怎麼會有來去的現象呢？」

曹山禪師說：「沒有變化差異的存在是不會受來去影響的。」

靜中有動，動中有靜，以不變應萬變，達到動靜高度統一的境界，是人們孜孜追求的。但這對禪師們來說，只是家常便飯而已。

曹山禪師受法後，參學於江湖，他來到撫州吉水山弘法，法席之下學徒有一千二百餘人。南平鐘陵王，聞聽大名，派專人迎請了三次，曹山禪師都沒有去。

南平鐘陵王大怒，對專使說：「如果請不到曹山大師，就別活著來見我！」

專使向曹山禪師苦苦地哀求道：「禪師！您若不答應，弟子就會死無

葬身之地！」

曹山禪師說：「專使不必憂慮，我有一偈面呈大王，必保無事。」說完，提筆寫下一偈：

摧殘枯木倚寒林，幾度逢春不變心；
樵客見之猶不顧，郢人何得苦追尋？

南平鐘陵王看偈後，遙望吉水山頂禮道：「弟子不會再妄求一見大師了！」

有的人唯恐他人不知，一直急於廉價出售；有的人唯恐別人知曉，一直隱藏陸沉。如曹山本寂禪師，雖不出山應世，卻能影響當道，起恭敬仰慕之心，此亦禪門道風。

從世間法與出世間法的不同來對禪加以區分，把禪分為世間禪、出世間禪和出世間上上禪。世間禪指的是凡夫共修的四禪、四空定及四無量心，三者合稱「十二門禪」，因修此禪所往生的世間仍在生死流轉的世俗世界之內，故得名；出世間禪指的是佛教三乘聖人所修的「滅受想定」，據說修此禪者能出離「三界」，故得名；出世間上上禪則是指諸佛如來禪。

唾面自乾

然彼諸魔，雖有大怒，彼塵勞內，汝妙覺中，如風吹光，如刀斷水，
了不相觸。

—《楞嚴經·卷9》

有一個青年，脾氣暴躁，容易發怒，動不動就大打出手，人們既怕他又恨他，誰也不願意和他來往。

一天，他在大德寺裡遊蕩，無意中聽到一休禪師正在說法，聽完後便發願痛改前非。

他來到禪師面前說：「師父！我以後再也不跟別人打架了，免得人見人厭，就算是把口水吐在我的臉上，我也不會發怒，只是默默地把臉擦乾！」

一休禪師說：「何必呢？就讓唾涎自己乾了吧！不要去拂拭它！」

「那怎麼可以？為什麼要這樣忍受？」青年一臉迷惑地問。

「這沒有什麼能不能忍受的，你就把它當作是蚊蟲停在臉上，不值得與它叫罵、打架，雖受吐沫，但並不是什麼侮辱，微笑地接受吧！」一休禪師說。

「如果換成是拳頭，那該怎麼辦？」青年問道。

「一樣呀！不要太在意！這只不過是拳頭而已。」

青年聽後，覺得一休禪師說得太過荒謬，終於忍耐不住，舉起拳頭，向一

休禪師的頭上打去。他一邊打一邊問：「和尚！你感覺怎麼樣啊？」

沒想到一休禪師不但沒有生氣，反而非常關切地說：「我的頭硬得像塊石頭，沒什麼感覺，倒是你的手大概是打痛了吧！」

青年啞然，無話可說。

世上的事，都是說起來容易，做起來困難，說不發脾氣，但一衝動，往往就不能把持自己。禪者曰：「說時似悟，對境生迷。」就是這種寫照。

禪宗影響最大的就是以慧能為代表的南宗和以神秀為代表的北宗。由於慧能系的禪主要流傳於中國南方，同時又以菩提達摩「南天竺一乘宗」正傳自詡，而不許神秀門下「妄稱南宗」，因此，慧能系便獲得了「南宗」的稱號，而主要流傳於中國北方的神秀一系則被稱為「北宗」。

畫餅豈能充飢

浩浩長安車馬塵，狂風吹送每年春。門前本是虛空界，何事栽花誤世人。

—唐·元稹《杏園》

百丈禪師圓寂後，香嚴智閑就到師兄溈山靈佑禪師處參學。

溈山一見到香嚴智閑就問道：「我聽說你在師父那裡能聞一知十，聞十知百，但那不過是些知解上的問答，並不代表你悟道的本領。我現在不問你生平體會到的以及經卷冊子上記得的知識，只是問你在未出娘胎前，什麼是你的本分事？試著說一句給我聽聽，我為你印證。」

香嚴智閑懵然不知應對，沉思了一會兒後，才說：「還是師兄替我說吧！」

溈山禪師臉色一沉：「讓我說？那都是我的見解，和你有什麼關係呢？」

說完，拂袖離去。

香嚴智閑急忙來到僧堂，把所有語錄經卷搬出來，左翻右翻，竟沒有找到一句合乎應對的話，不由得嘆息道：「說食不能當飽，畫餅豈可充飢？」於是，將所有典籍全部付之一炬，並發誓說：「這輩子再也不研究義學了，從今以後，老老實實地做

個粥飯僧，免得浪費心神！」

　　過了些時日，香嚴智閒辭別溈山禪師，到南陽慧忠國師住過的地方禁足潛修。

　　一天，他在割草時，無意中瓦礫擊中竹子，發出清脆的響聲，便豁然頓悟，隨即說了一偈：

　　一擊忘所知，更不假修治；
　　動容揚古路，不墮悄然機。
　　處處無蹤跡，聲色外威儀；
　　諸方達道者，咸言上上機。

　　透過這段公案，我們就會明白，學習書本上的知識和參禪悟道是兩回事，知識是知識，悟道是悟道。知識是從分別意識上去認知的，悟道是從無分別智上體證的。禪，也不是從枯坐默守中可以悟的，禪仍然要經過分別意識到無分別智的。如果香嚴智閒沒有慧解，就是用鐵錘把竹子打破，一樣也不會開悟入禪。

　　神秀為代表的「北宗」和慧能為代表的「南宗」成為中國禪宗的兩大基本派別。安史之亂以後，盛極一時的神秀北宗逐漸趨於衰落，但仍綿延發展了百年之久。至唐武宗滅法，以寺院為主要依託的北宗禪才完全衰落下去。而保持山林佛教特色的慧能南宗一系則逐漸在全國得到了極大的發展。

般若波羅蜜多心經

觀自在菩薩行深般若波羅蜜多時照見
五蘊皆空度一切苦厄舍利子色不異空空不異
色色即是空空即是色受想行識亦復如是舍利
子是諸法空相不生不滅不垢不淨不增不減是故空中
無色無受想行識無眼耳鼻舌身意無色聲香味
觸法無眼界乃至無意識界無無明亦無無明盡乃至無
老死亦無老死盡無苦集滅道
無智亦無得以無所得
故菩提薩埵依般若
波羅蜜多故心無罣
礙無罣礙故無有恐怖
遠離顛倒夢想究竟涅槃三世
諸佛依般若波羅蜜多故得阿
耨多羅三藐三菩提故知般若波羅蜜多是大神咒
是大明咒是無上咒是無等等咒能除一切苦
真實不虛故說般若波羅蜜多咒即說咒曰揭諦
揭諦波羅揭諦波羅僧揭諦菩提薩婆訶

第四章

禪，即是生活

喝茶、吃飯亦是禪

雲門胡餅趙州茶，信手拈來奉作家。細嚼清風原有味，飽餐明月卻無渣。

—宋朝‧無門慧開禪師

趙州禪師非常注重將禪理融入生活，在日常生活的細節中無不流露著他的禪風。

一日，有幾個學僧結伴前來問禪。

第一位學僧問道：「弟子初入叢林，請求老師開示！」

趙州禪師說：「你早晨吃粥了沒有？」

學僧老老實實地回答道：「弟子吃粥了。」

趙州禪師將手一指，朗聲說道：「還愣在這裡做什麼，快去洗缽盂呀！」

第一位學僧因此開悟。

第二位學僧接著問道：「弟子也是剛入叢林的，請求老師不吝開示！」

趙州禪師說：「你來多久了？」

學僧回答道：「今天剛到！」

趙州禪師說：「喝過茶了嗎？」

學僧回答道：「喝過了！」

趙州禪師指示道：「還不快去客堂報到！」

第三位學僧在趙州禪師住的觀音院參學了十多年，這次也上前問道：「弟子到這裡參學已有十多年之久，卻不曾受過老師的開示指導，今日想告假下山，去別處參學！」

趙州禪師聽後，勃然大怒道：「小子，你為何如此冤枉我？自從你來到此地，你每天奉茶來，我為你喝！你端飯來，我為你吃！你合掌，我低眉；你頂禮，我低頭，哪一處我沒有教導過你？」

學僧聽後，低著頭紅著臉站在那裡，陷入了沉思，好像有所領悟。

「會就會了，假若用心分別，思維則離道遠矣！」趙州禪師看了他一眼，語氣略微平和了一些。

學僧似有所悟，問道：「如何保住呢？」

趙州禪師指示道：「但盡凡心，別無聖解，若離妄緣，即如如佛。」

趙州指示參禪者要用心體會禪法的奧妙處，必須不離日常生活。這些日常的喝茶、吃飯，與禪宗的精神沒有絲毫的背離。所謂佛法、禪心，都根植於現實生活。吃飯吃得合味，禪也；喝茶喝得怡然，禪也；睡覺睡得安穩，禪也。離開了生活，佛法就是死的。

禪門三關

即是破本參、破重關及破牢關三種。悟有深淺，智有廣狹，所以禪宗設有三關：破初參明心，過重關眼見佛性，破牢關成慧解脫而證盡智。

鎮州蘿蔔

未悟道之前，砍柴擔水吃茶去；悟道之後，砍柴擔水吃茶去。

—禪家妙語

趙州從諗禪師是唐朝時比較風趣的一位禪師，他從二十歲起，到五十七歲為止大約四十年的時間，一直都跟著南泉普願禪師參學，之後雲遊四海處處參訪，又持續了二十年，八十歲時擔任趙州觀音院住持，享年一百二十歲，世人都把他稱為「趙州古佛」。

曾經有一個學僧問趙州禪師道：「聽說聞名遐邇的南泉普願禪師是您的師父，那他都傳給您什麼呢？」

趙州禪師卻答非所問道：「鎮州盛產蘿蔔，每個足有三斤重。」

還有一次，另一個學僧向趙州禪師請示道：「禪師！真正修行的人是什麼樣呢？」

趙州禪師道：「我現在就是在認真的修行。」

學僧疑惑道：「怎麼？就連老師您還要修行嗎？」

趙州微笑道：「我也要吃飯、睡覺呀！」

學僧道：「您說的這些都是日常瑣事，我想知道什麼是修行？」

趙州反問道：「那你以為我每天做的都無意義嗎？」

　　趙州禪師從南泉禪師學到了什麼禪法，這是不能言說的，如果能說得出的那肯定也不是禪法的真傳。呆頭呆腦的學僧既然已經問了，趙州禪師不能不理他，一句「鎮州盛產蘿蔔」，就是要告訴學僧，鎮州盛產蘿蔔，是極為平常的事。禪法也是如此，沒有什麼特別的東西可傳，這一切都要靠平常心去體悟。禪，並非一定要改變表面現象，鎮州盛產蘿蔔，就讓鎮州盛產蘿蔔好了；禪，更重要的是改變自己的內心，既然要從實質上改變自己，你又何必管他是不是傳法。就像趙州禪師吃飯、睡覺就是在修行，如果你覺得這是瑣碎的事情，不足以引起你的重視，就說明你已失去了平常心，失去平常心的人，又怎麼能知道趙州禪師每天所做的事是什麼呢？

禪宗伽藍七堂

宋朝時，禪宗興盛，形成了「伽藍七堂」制度，七堂指佛殿、法堂、僧堂、庫房、山門、西淨、浴室。其中以僧堂、西淨、浴室為禁語之所，故總稱三默堂。規模較大的寺院還有講堂、禪堂、經堂、塔、鐘樓等。

禪在生活中

一切眾生，一切草木，有情無情，悉皆蒙潤，百川眾流，卻入大海，
合為一體。

—《六祖壇經》

峨山慈棹禪師曾在月船禪慧禪師處被印可，月船對他說道：「你是大器晚
成，從今以後，天下人沒有能比你更高的，你應該再發心參禪，要謹記行腳雲
遊是一個禪者的根本任務。」

有一次，峨山慈棹聽說白隱禪師在江戶開講《碧巖錄》，於是就到江戶參
訪這位白隱禪師，並向他呈上自己的看法，誰想到白隱禪師卻說道：「你這從
惡知識處而得出的見解，有許多的臭氣薰染我！」

於是，就把峨山慈棹給趕出去了，峨山很不服氣，又三入其室，三次都被
白隱禪師趕出來了。峨山心裡想：我是被月船禪慧禪師印可的人，難道白隱禪
師沒有看出我的實悟嗎？他也許是在考驗我吧！想到此就又去叩禪師的門並謙
卑的說道：「都因我的無知，前幾次觸犯了禪師您，唯願垂慈誨，我一定虛心
攝受。」

白隱禪師說道：「你雖然擔有一肚皮禪，但到了生死的岸頭，總無著力，
如果要痛快平生，只需聽我『隻手之聲』（參閱一隻手所發出的聲音）！」

於是，峨山就在白隱禪師的座下，隨侍他四年，峨山在三十歲那年終於徹

悟。

峨山是白隱禪師晚年的得意弟子，能夠妙用峻機，大大威振白隱的門風。年老的時候，有一次在庭院之外整理自己的被單，信徒看到後，覺得非常奇怪，於是問道：「禪師！您有許許多多的弟子，這些雜事為什麼要您親自整理而不用他們呢？」

峨山禪師說道：「雜事？老年人不做這些，那要做些什麼事呢？」

信徒回答說：「可以修行呀！」

峨山禪師聽後非常不滿意，反問信徒道：「你認為做這些雜務就不是在修行嗎？那佛陀為他的弟子穿針、煎藥，那又算什麼呢？」此時信徒終於瞭解到了什麼是生活中的禪。

一般人最大的錯誤，就是把做事與修行分開，其實，如潙山禪師和醬、採茶，黃檗禪師耕田、種菜，臨濟禪師栽松、鋤地，石霜禪師磨麥、篩米，雪峰禪師砍柴、擔水，其他還有仰山的牧牛、洞山的果園等，這件件說明，禪在生活中。

《碧巖錄》的作者

克勤大師，宋朝禪僧。他精勤求法，四處參訪善知識。曾至五祖山參謁法演禪師，蒙其印證，與佛監慧勲、佛眼清遠有「演門二勤一遠」之稱。七次住持名剎，說法精彩，受朝廷敕賜紫袈裟及「佛果禪師」名號，又蒙高宗賜號「圜悟」，世稱圜悟克勤。為引渡學人，編《碧巖錄》十卷，世稱「禪門第一書」，為認識禪門必讀之書。

不缺鹽醬

階下幾點飛翠落紅，收拾來無非詩料；窗前一片浮青映白，悟入處盡
是禪機。

—明·洪應明《菜根譚》

馬祖道一禪師派侍者送了三壇醬給百丈禪師，百丈禪師收到後，立刻鳴鐘集眾上堂，用拐杖指著壇醬說：「這是老師道一上人送來的鹽醬，你們若有人道得就不打破，若都不能道得就得打破它！」

寺裡的學僧個個面面相覷，無人回答。

百丈禪師見大眾無語，「啪」的一聲，用拐杖把三壇醬缸都打破了。

侍者回到馬祖禪師那裡，馬祖禪師問：「你把醬送到了嗎？」

侍者如實地答道：「送到了。」

馬祖禪師又問：「百丈收到我的鹽醬以後，都說了些什麼？」

侍者回答說：「百丈禪師收到鹽醬後，立刻集合大眾上堂，因為沒有人道得，就用拐杖把醬缸全都打破了。」

馬祖聽後，哈哈大笑，不住地稱讚道：「這小子果然不錯！」

後來，馬祖叫人帶了封信給百丈禪師，詢問他修行的近況如何。

百丈禪師在回函上寫道：「謝謝老師的關心，自從將醬缸打破以後，三十年來，弟子從來不曾缺少過鹽醬。」

馬祖非常滿意，特意寫了八個字—「既不缺少，分些給人」，派人送給百丈禪師。

「馬祖創叢林，百丈立清規」是中國禪宗史上的一段佳話，他們之間的來往，並不缺少世俗溫情的一面，但更多的則是另有一番含意：鹽醬是生活中不可缺少的食物，將鹽醬送給百丈禪師，就是要他照顧生活中的禪道，不可離開了生活去盲修瞎練；百丈禪師打破了醬壇，就是讓老師放心，自己早就身體力行了。今日學道的弟子，如果都能像百丈禪師那樣，當老師還用擔心什麼呢？

十八神護伽藍

據《釋氏要覽》卷上載：「七佛經云，有十八神護伽藍，即：美音伽藍、梵音伽藍、天鼓伽藍、嘆妙伽藍、嘆美伽藍、摩妙伽藍、雷音伽藍、師子伽藍、妙嘆伽藍、梵響伽藍、人音伽藍、佛奴伽藍、頌德伽藍、廣目伽藍、妙眼伽藍、徹聽伽藍、徹視伽藍、遍流視伽藍。」

我們的禪道

皇曰：『任性逍遙，隨緣放曠；但盡凡心，別無聖解。』脫白投師費苦辛，擎茶問訊盡躬親。無端再敘三年事，笑倒街頭賣餅人。

—《白雲守端禪師語錄》

有一個學僧去拜訪越溪禪師，他對禪師說：「大師！我研究佛學、儒學已有二十年之久，可是對於禪道卻是一竅不通，您能給我一些指點嗎？」

越溪禪師向他招了招手說：「上前一步來，我來告訴你禪宗的奧妙。」

學僧剛走到禪床前，越溪禪師便不由分說迎面打了他一巴掌，打得學僧奪門而出。

學僧忿忿不平地說：「真是莫名其妙，我還當您是個和善的長者，沒想到卻是個粗魯的莽漢。」

正當學僧懷著滿肚子的委屈在法堂外走來走去時，不巧與首座老禪師撞了個正著。

老禪師看他一臉怒相就和藹地問道：「出什麼事了？求道的人應該放寬胸懷，做到寵辱不驚才行。消消氣，到我那裡喝杯茶吧！」

學僧一邊喝茶，一邊抱怨越溪禪師無緣無故地打他。

學僧還在那裡喋喋不休時，冷不防老禪師揮手也打了他一巴掌，手裡的茶

杯應聲落地。

老禪師看了看一臉驚愕的學僧，鄭重地說道：「剛才你說已懂得佛法儒學，只差一些禪道，現在，我就用禪道供養你。你懂了嗎？」

學僧目瞪口呆，不知如何回答。

老禪師說：「真不好意思，就讓你看看我們的禪道吧！」說著，彎腰把打碎的茶杯撿了起來，然後拿起抹布，把地上的茶水擦乾。

老禪師接著又說：「除了這些之外，就沒有什麼禪道了。」

學僧終於體悟，原來「禪道」就在身邊！

從此，他就在越溪禪師座下參學。

禪者溫和灑脫，和參學請法時的打罵完全不同；禪者之所以要採取打罵的手段是為了表達禪道的凌厲，讓你有切身的體驗。禪者的風範，能屈能伸，打破了茶杯，就把它撿起來；灑掉了的茶水，就把它擦乾。以平和的心態，順其自然面對人生。

一轉語

禪宗機鋒往來的關鍵處，稱「玄關」。破「玄關」必須親證實悟。以片言隻語，撥轉對方的心機，使之突破「玄關」，「柳暗花明又一村」，謂之「轉語」。《景德傳燈錄·百丈懷海禪師》指出：「古人只錯對一轉語，五百生墮野狐身。」可見「轉語」的重要。

有情與無情

體若虛空等自閒，纖塵不隔萬重山。可憐白日清天客，兩眼睜睜嘆路艱。

—明·憨山德清禪師

宋朝大文學家黃山谷詩文名聞天下，他的詞風豔麗，創立了江西詩派。

一次，他去禮謁圓通秀禪師，圓通秀禪師早就聽說他好做豔詞，心裡十分生氣。剛一見面就痛斥他說：「大丈夫空有滿腹經綸，手裡的生花妙筆，應該撰寫些有益天下蒼生的見性妙文，怎能自甘於雕蟲小技！」

接著，圓通秀禪師又用李公麟畫馬的典故來警誡他。

黃山谷機鋒敏銳地自我解嘲說：「禪師這次把我放在馬肚子裡了。」

圓通禪師一臉正氣地喝道：「你做淫詞豔曲，鼓動天下人的淫心，以此作孽，將來豈止生於馬腹，恐怕還要墮入阿鼻地獄，受苦無期。」

黃山谷聽後，悚然驚懼，急忙攝念懺悔說：「多謝禪師提醒，弟子再也不敢用文字造罪了！」

黃山谷與祖心禪師私交甚為密切。

一天，黃山谷與祖心禪師談論禪道，禪師說：「孔子不為二三子隱，這可能與禪法不說破相同，你做何感想？」

黃山谷回答道：「我對此也不是很清楚。」

後來兩人一起遊山，行經一條蜿蜒的山路，只見翠薇輕拂人衣，綠意滿目，一樹桂花綻滿枝頭，雪白淡黃，香氣四溢，沁人心扉，看到滿山滿谷百花開放，花香撲鼻。

祖心禪師問道：「怎麼樣？聞到花香了嗎？」

黃山谷答道：「聞到了，的確清香撲鼻！」

祖心禪師別有所指地說道：「所以說嘛！我並沒有對你隱瞞什麼！」

黃山谷似懂非懂，歸來後，黃山谷忽然問道：「禪師！經上說『有情無情同圓種智』，此話當真？」

祖心禪師答道：「此話本真，但因出自你的口中，便不真了！」

黃山谷一臉迷惑地問道：「這為什麼呢？」

祖心禪師沒有回答，而是隨手用筷子打桌子下的狗，狗「汪」的一聲跑掉了。

禪師又用筷子敲了一下桌子，才緩緩地答道：「狗有情，遭打即跑；桌子無情，任你敲打，情與無情，如何得成一體？」

黃山谷依舊不明白。

禪師接著說道：「山有山神，水有水神，花有花神，樹有樹神，大地山河無盡妙用。青青翠竹無非般若，鬱鬱黃花皆是妙諦，故情與無情，當能同圓種

智。」

黃山谷聽後疑雲滿腹，他認為禪師的話前後矛盾。

禪師總結道：「才涉思維，即非禪道，何曾萬物為己哉？」

黃山谷終於有所契悟。

他過去疑團豁然開解，急忙斂衣拜謝道：「大師，您待後學為什麼會如此慈悲呢？」祖心禪師笑著說道：「我只是希望你能夠早日回到自己的家鄉罷了。」

看到流水頓覺光陰荏苒；看到落花，興起無常之感。我們不必將自己孤立，把情與無情對立開來，應該相互的調和。一切都流露自法性之內，花香鳥語，一切都沒有隱瞞什麼，禪心慧眼還不能開嗎？在求道的過程中，我們往往捨近求遠，甚至走了許多冤枉路，就像一個求道的行者，跋涉萬嶺千山，踏遍嶺頭白雲，任憑芒鞋磨破，驀然回首卻發現自己千辛萬苦所追求的「道」原來就在當下。

戒刀

（梵sastraka），比丘所持的十八物之一，用於裁衣、剃髮、剪指甲等。《僧史略》中說：「及持澡罐、漉囊、錫杖、戒刀、斧子、針筒，此皆為道具也。」 由於係戒律所聽許，故稱戒刀。據說佛陀在室羅伐城時，有比丘欲裁三衣，便以手撕裂，捐壞衣物。佛乃聽許用刀子。但因六眾以雜寶裝飾，佛陀便規定用鈍鐵作刀，且分大、中、小三種規格。大的長六指，小的長四指，中的介於二者之間。形狀則有彎曲如鳥羽，及似雞翎而不尖直兩種。

一切皆禪

鳥語蟲聲，總是傳心之訣；花英草色，無非見道之文。學者要天機清澈，胸次玲瓏，觸物皆有會心處。

——明・洪應明《菜根譚》

無相禪師每次講禪都是妙語連珠，意境高遠。

一個雲水僧很不服氣，總想和他辯論禪法，一較高下。

這天，他一大早就來到無相禪師居住的寺院，恰好趕上禪師外出未歸，只有侍者沙彌出來接待他。

侍者說：「禪師不在，有事我可以代勞。」

雲水僧搖了搖頭，一臉失望地說：「你年紀太小了，我能和你談些什麼呢？還是等你師父回來再說吧！」

小沙彌吐了吐舌頭，頑皮地說：「我雖然年齡小，智能可不小喔！」

雲水僧聽後，頓時來了興致，覺得和小傢伙逗逗趣也不錯。於是隨手在空中畫了個小圈圈，並向前一指。

小沙彌看到後，踮著腳攤開雙手，畫了個大圓圈。

雲水僧心裡一驚，急忙伸出一根指頭，這時小沙彌卻笑嘻嘻地伸出了五根指頭。

雲水僧見狀，豆大的汗珠從腦門上滾落下來。

他依舊不甘示弱，又伸出三根手指。

這時小沙彌的臉上露出了不愉快的神情，他生氣地用手在眼睛上比了一下。

這時雲水僧突然誠惶誠恐地跪了下來，向小沙彌頂禮三拜，掉頭便走。

原來，雲水僧心裡想：「我用手比了個小圈圈，向前一指，是想問他，你胸懷有多大？他攤開雙手，畫了個大大的圓圈，意思是說有大海那麼寬闊。我伸出一指問他自身修持如何，他伸出五指說受持五戒。我又伸出三指問他三界如何，他用手在眼睛上比了一下說三界就在眼中。一個小沙彌尚且如此高明，無相禪師的修行更是驚人，還是走為上策，免得丟人現眼。

不久，無相禪師就回來了，小沙彌蹦跳著迎上前去，興高采烈地對師父說：「師父！告訴您一個好消息，我把一個雲水僧給嚇走了！」

無相禪師摘下斗笠，一臉慈愛地說：「給師父說來聽聽。」

小沙彌一邊接過師父的斗笠

一邊說：「那位雲水僧不知從那裡得知我俗家是賣燒餅的，他想買燒餅吃，就用手比了個小圈圈說，你家的餅太小了。我立即攤開雙手說，有這麼大呢！他伸出一指說，一文錢一個可以嗎？我伸出五指說，我家的燒餅值五文錢呢！他又伸出三指說，便宜點，三文錢可以嗎？我心說，這個和尚也太滑頭了，於是便比了一下眼睛，怪他不識貨，誰想到，他又是作揖又是磕頭的，最後連滾帶爬地逃走了！」

無相禪師聽後，不禁莞爾。

他笑著說：「一切皆法，一切皆禪！你明白嗎？」

小沙彌一臉茫然，不知所對。

道也無語，佛也無語，佛曰：「不可說。」禪是機緣，有緣者，無處不禪，無事不禪。無緣者，即使說得天花亂墜，也是離題萬里。禪史中有趙州茶、雲門餅之說，此皆禪也。

三日禪

為期三天的禪修活動，是一日禪、雙日禪的進階加行修持，同時也是禪七的前行準備，所以一日的香別作息，近似於禪七。在參修期間，摒除一切外緣，不外出、不會客、不攀緣、不打電話、不看書做筆記、不談論唱誦，一心參究心地。

天堂淨土

無心之心如恒河沙，諸佛菩薩釋梵諸天步履而過，沙亦不喜。牛羊蟲蟻踐踏而行，沙亦不怒。珍寶馨香，沙亦不貪，糞尿臭穢，沙亦不惡。

—禪家妙語

挑水和尚是一位有名的禪師，曾經在幾個著名的叢林禪院裡參學問道，可以稱得上是一位飽參飽學、戒律清淨的佛門大德。

他所住持的禪院，吸收了許多僧信學徒，但這些學生往往不能吃苦耐勞，常常半途而廢。挑水和尚一氣之下辭去教席，並勸他們解散，各奔前程。

之後，誰也沒有發現挑水禪師的行蹤。

三年後，他的一位門人發現他在京都的一座橋下，和一群乞丐生活在一起，這位門人走上前去，懇請挑水禪師給他開示。

挑水禪師不客氣地說：「離我遠點，你沒有資格接受我的指導。」

門人依舊恭敬地問：「師父，請您告訴我，要怎樣才能有資格呢？」

挑水禪師說：「如果你能像我這樣，在橋下過上個三、五天的時間，或許我可以教你。」

於是，這位門人就扮成乞丐模樣，與挑水禪師在乞丐堆裡待了一天。

第二天，乞丐群中死了一個人，挑水禪師在午夜時分和這位門人將屍體搬到山裡埋了，收拾好了，仍舊回到橋下他們的寄身之處。

挑水禪師倒身便睡，鼾聲如雷，一直睡到天亮。這位門人卻是輾轉反側，始終無法入眠。

天明之後，挑水禪師對門人說：「今天不必出去乞食了，我們那位死了的同伴還剩下一些食物放在那裡，我們可以拿來食用。」

這位門人看著那骯髒的碗盤，忍不住嘔吐起來。

挑水禪師憤憤地說：「我曾說過你無法跟我學習，這裡的天堂你無福消受，還是回到你的人間吧！不過，不要把我的住處告訴別人，這裡是天堂淨土，不希望有外人打擾！」

門人跪在地上，哭著訴說道：「老師！您珍重吧！弟子確實沒有資格跟您學習，您眼裡的天堂，弟子是無法領會的！」

在禪者的眼中，卑賤工作裡有天堂淨土，愛人利物裡有天堂淨土，化他轉境裡有天堂淨土。真正的天堂淨土在禪者的心中，不是在心外。

結界

梵語si^ma^bandha，或bandhaya-si^man（音譯畔陀也死曼），它是建伽藍，或作戒壇，行一種之作法，而定其區域境界也。即其作法所限定之地，謂之結界地。有關結界的範圍、方法等，諸律所說頗有出入，《四分律》將結界分為攝僧界、攝衣界、攝食界三種。

像牛糞

學佛在心不外求，心地慈悲德俱足；貪嗔癡愛疑妄盡，不動無明是活佛。

—《慧明法師開示錄》

宋朝大文豪蘇東坡與佛印是一對好友，經常在一起打機鋒，互問言語互試禪機。

一天，他們又鬥起禪機來。蘇東坡首先問道：「印老，你看我打坐的樣子像什麼？」

佛印不假思索地回答道：「學士好莊嚴，像一尊大佛！」

接著他又反問蘇東坡：「你看我坐的姿勢怎麼樣？」

蘇東坡從來都不放過嘲弄禪師的機會，他瞇著眼睛上下打量了一下佛印，他看見佛印穿著一件黑色僧袍，人長得又胖又矮，盤腿坐在那裡，就像黑漆漆的一堆牛糞，於是便脫口說道：「和尚就像一堆牛屎。」

佛印聽後，絲毫沒有生氣。

蘇東坡自以為佔了上風，逢人便說：「我今天贏了！」

消息傳到蘇小妹的耳中，妹妹問道：「哥哥！你究竟用什麼辦法贏了禪師的？」

蘇東坡高興地說：「妹妹，我與佛印鬥禪機從來都沒有贏過，這次真走運，說得他啞口無言。」接著便把二人鬥機鋒的經過，繪聲繪影地講了一番。

蘇小妹聽後，一臉譏諷地說道：「哥哥輸了個一敗塗地，還自以為大獲全勝呢！」

蘇東坡瞪大了眼睛，一臉迷惑。

蘇小妹說道：「哥哥，佛與牛屎，哪個尊貴？」

蘇東坡說：「當然是佛嘍！」

蘇小妹說：「印老所見處處皆佛，哥哥放眼卻是牛屎。請問，誰高誰低？禪師的心中有佛，所以他看你如佛，而你心中裝著牛糞，所以看禪師才像牛糞！」

蘇東坡啞然失笑，方知自己禪功不及佛印禪師，但他發誓要贏回來。

一天，蘇東坡作了一首偈：

稽首天中天，毫光照大千。

八風吹不動，端坐紫金蓮。

這首偈讚嘆佛非凡的定力，哪怕八方的狂風吹動，佛依舊不搖不動，穩坐於紫金蓮之上。

這既是對佛的定力的稱讚，也是蘇東坡對自己參禪功力的自許。偈寫好後，蘇東坡越看越得意，心裡想：「這下一定能讓老和尚另眼相待了。」於是就叫來一個僕人，拿著他的手稿去呈給佛印觀看。

蘇東坡一再叮囑僕人聽候佛印的回信。過了不久，送偈的僕人回來了，只是說偈已送給了和尚，就再也沒有下文了。

蘇東坡急忙問道：「禪師的回信呢？」

僕人說：「禪師沒有回信，我也沒有什麼能呈給老爺的啊！」

蘇東坡又問：「那麼，和尚看了我的偈之後說了些什麼，你總該記得吧？」

僕人支支吾吾地說：「沒……沒說什麼呀！」

蘇東坡火了：「放屁！和尚不可能不做評價的！」

僕人一見主人生氣了，這才結結巴巴地解釋說：「他也沒說什麼，只是『放屁』這話兒倒是有的。老和尚看完之後，就說了句『放屁』，便把偈文丟在了地上。」

「豈有此理！」蘇東坡聽後氣得七竅生煙，大罵僕人不中用，又說佛印和

尚老昏了頭。

他在書房裡越想越氣，索性坐船，親自去找佛印算帳。

蘇東坡見到佛印，老遠就嚷道：「你這個老和尚，我呈偈請教，望明白開示，為何出言不遜！」

佛印呵呵一笑：「好一個『八風吹不動』！」

蘇東坡說：「當然，我對自己的定力還是有一定自信的！」

佛印歪著腦袋說：「既然定力如此高深，怎麼一個『屁』就把你『吹』過江了呢？」

蘇東坡臉一紅，啞然失笑說：「八風吹不動，一屁過江來！老傢伙，我又栽在你的手裡了。」

禪，是悟性，是靈慧。不要以為禪師的機鋒總是鋒芒畢露，有時沉默不語，不發一言，不著一字，同樣也有振聾發瞶的法音。

圓相

指真理之圓滿與絕對。又稱一圓相。於禪宗，描畫一圓形圖以象徵真如、法性、實相，或眾生本具之佛性等。禪僧每以拂子、如意、拐杖或手指等，於大地或空中畫一圓相，有時亦以筆墨書寫此類圓相，表示真理之絕對性。相傳圓相始創於南陽慧忠。圓相中並有文字或記號，以示開悟之過程。

禪的妙用

青青翠竹儘是法身，鬱鬱黃花無非般若。

一唐・古德禪師

一日，仙崖禪師外出弘法，走在半路上，遇到一對夫婦吵架。

妻子指著丈夫罵道：「你算什麼丈夫，一點都不像男人！」

丈夫紅著臉說：「閉上妳的臭嘴！膽敢再罵，我就打妳！」

妻子發起野來，揪住丈夫的衣領說：「我就罵你，看你怎樣！大家快來看啊，他要打人了……」

仙崖禪師看到後，擠進人群，對著過往的行人大聲叫道：「大家快來看啊！這裡既不鬥牛，也不鬥雞，更不鬥蟋蟀，而是別開生面的鬥人大賽，免費參觀，快來看啊！」

夫妻在一旁繼續吵罵。

丈夫瞪著血紅的眼睛，大聲地威脅道：「妳再說一句我不像男人，我就殺了妳！」

妻子一屁股坐在地上，捶胸頓足地喊道：「老娘今天也不活了，我就說！你不是個男人！你不是個男人……」

仙崖禪師大聲叫好，拍掌叫道：「簡直太精彩了！現在就要殺人了，大家

還不快來看啊！」

路人實在看不下去了，紛紛指責說：「你這個野和尚！在這裡大聲亂叫什麼？人家夫妻吵架，關你何事？」

仙崖禪師歪著腦袋看了看眾人，大聲說道：「誰說不關我事？你沒聽到那個壯漢要殺人嗎？殺死人就要請和尚誦經超渡，我去做法事，不就有紅包拿了嗎？」

路人說：「真是豈有此理！為了一個紅包就希望死人，你出家人的良心哪裡去了！」

仙崖禪師說：「不死也可以，那就聽我說說佛法吧！」

這時，那對吵架的夫婦也被眾人勸解開來，推到了仙崖禪師的面前。

仙崖禪師笑瞇瞇地指著太陽，對剛才吵架的夫婦說：「再厚的寒冰，太陽出來時也會融化；再冷的飯菜，點燃柴火就會煮熟。能做夫妻，就是莫大的緣分，俗語說：『十年修得同船渡，百年修得共枕眠。』想想看，容易嗎？」

吵架的夫婦聽後，羞愧地低下了頭。

仙崖禪師接著說：「希望賢夫婦要互相敬愛！人生在世，也不要光為了自己，即使是一根火柴，也要去溫暖別人。」

仙崖禪師就是這樣把「禪」用活的。

開悟

為「開示悟入」的省語，意思是開通、領悟。《華嚴經》卷四：「開悟一切愚昧眾生。」即為開發眾生的智慧，使之悟解佛。佛教傳入後，「開悟」遂成為一個廣泛流行的詞。禪宗修行不拘形式，不立文字，號稱教外別傳，參禪唯以悟明心性為宗旨，若禪修有省或明心見性，謂之「開悟」。如《景德傳燈錄·簡禪師》：「德山以手中扇子再招之，師忽開悟。」

般若波羅蜜多心經

觀自在菩薩行深般若波羅蜜多時

照見五蘊皆空度一切苦厄不異空

色不異空空不異色色即是空空即是色受想行識亦復如是舍利

子是諸法空相不生不滅不垢不淨不增不減是故空中

無色無受想行識無眼耳鼻舌身意無色聲香味觸法無

眼界乃至無意識界無無明亦無無明盡乃至無老死

亦無老死盡無苦集滅道

無智亦無得以無所得

故菩提薩埵依般若

波羅蜜多故心無罣礙

無罣礙故無有恐怖

遠離顛倒夢想究竟涅槃三世

諸佛依般若波羅蜜多故得阿

耨多羅三藐三菩提故知般若波羅蜜

多是大神咒是大明咒是無上咒是無等等咒

能除一切苦真實不

虛故說般若波羅蜜多咒即說咒曰揭諦揭

諦波羅揭諦波羅僧揭諦菩提薩婆訶

般若波羅蜜多心經

第五章

參透生死始成佛

雪霽便行

不知色身，外洎山河虛空大地，咸是妙明真心中物。譬如澄清百千大
海，棄之，唯認一浮漚體，目為全潮，窮盡瀛渤。

——《楞嚴經》

宋朝德普禪師性情豪縱，從小就拜在富樂山靜禪師門下，十八歲受俱足戒
後，就大開講席弘道。兩川僧眾無人敢與其辯難，其為人急公好義，時人譽稱
他為「義虎」。

他每晚都要去荒山的洞穴裡坐禪。有個愛搗亂的年輕人藏在禪師的必經之
路上，等到他過來的時候，冷不防地出現在他的面前。

年輕人原以為禪師一定會嚇得魂飛魄散，哪知禪師安然不動，年輕人反而
嚇了一跳，奪路而逃。

第二天，這個年輕人到德普禪師那兒去，向禪師說：「大師，附近可是經
常鬧鬼的，您可要小心些啊！」

德普禪師不慌不忙地說：「根本沒有這回事！」

「是嗎？我聽說有人在晚上走路的時候常常和鬼碰面。」

「那不是鬼，只不過是幾個年輕人的惡作劇罷了！」

「真的嗎？」

禪師說：「鬼是冰冷的，又沒有熱的氣息，昨天晚上我碰到的『鬼』還喘著粗氣呢！是不是你這小子搞的鬼啊？」

年輕人一時間面紅耳赤。

禪師接著說：「臨陣不懼生死，是將軍之勇；進山不懼虎狼，是獵人之勇；入水不懼蛟龍，是漁人之勇；和尚的勇只是一個字—『悟』。貧僧連生死都已超脫，哪裡還會有什麼恐懼感呢？」

宋哲宗元佑五年（西元1090年）十月十五日，德普禪師對弟子們說：「高僧大德圓寂時，都去叢林拜祭，我認為這都是徒然虛設，人死之後，是否能享用到供奉，沒有人能夠知曉。你們應該在我死之前就祭祀我。」

僧眾們以為他說的是戲言，都沒有當一回事。

禪師臉色一沉：「出家人不打誑語，還不速去準備！」

弟子們急忙前去準備。

大徒弟說：「不知師父幾時遷化？」

德普禪師回答道：「等你們依序祭完，我就決定走了。」

從這天開始，滿院的僧眾煞有介事地假戲真做起來。幃帳寢堂設置好，禪師安坐其中，接受祭拜。弟子們上香、上食、誦讀祭文，禪師一一領受。

各方信徒也按日期依次悼祭，並上供養，一連四十多天，才祭拜完畢。

這時，德普禪師對眾人說：「明日雪停之後，我就該走了，大家保重，好自為之吧！」

此時，大雪如柳絮一般紛飛而下。

次日清晨，一片銀裝素裹，萬里晴空，德普禪師焚香盤坐，怡然化去。

在禪者眼中，生固可喜，死亦不足悲。既然有生，焉能無死？勘破名利關，只是小休歇；勘破生死關，方是大道。

呈心偈

禪宗行者表露自己悟境的偈文稱為「心偈」，將心偈呈送師父印可者稱為「呈心偈」。以五祖弘忍之徒神秀及慧能之心偈最為著名。後世對於此等所呈之心偈，亦有稱之為「呈心偈」者，譬如稱呼慧能所呈之心偈為「六祖呈心偈」。

鐵笛橫吹作散場

不知有涅槃，因此戀三界；未脫於煩惱，云何得一心。

　　　　　　　　　　　　　　　　　　　　　　—禪家妙語

　　船子和尚，生活在中晚唐時代，長期隱居華亭。他是唐朝著名高僧和詞人，常常駕一葉扁舟，漂泊在吳江、朱涇一帶。每天輪釣舞棹，隨緣渡人，接引往來的參學者，時人稱之為「船子和尚」。他找到衣缽傳人後，便覆舟沒水而逝。

　　到了南宋初年，性空禪師獲悟證後，來到秀水，追慕船子和尚的遺風。他在山野之中結茅而居，每天吹鐵笛自娛自樂。

　　性空禪師一直想讓自己和船子和尚那樣，在水裡涅槃。

　　南宋紹興庚申年的冬天，性空禪師做了一只大木盆，並在寺院的後山挖了一個洞穴，把木盆藏在裡面。然後寫了一封信寄給雪竇禪師，告訴他說：「我就要水葬了。」

　　雪竇禪師看完信之後，哈哈大笑說：「風流老子，灼有商量。」

　　兩年之後，雪竇禪師才來到寺院，他見性空禪師還活著，就作了一首偈嘲笑他說：「咄哉老性空，剛要餵魚鱉。去不索性去，只管向人說。」

　　性空禪師看完偈子，笑著說：「我只是在等你老兄來，給我做個證明。」

於是遍告四眾，大眾雲集後，禪師為大眾略說法要，接著說了一首偈：

坐脫立亡，不若水葬。

一省柴燒，二省開壙。

撒手便行，不妨快暢。

誰是知音？船子和尚。

高風難繼百千年，

一曲漁歌少人唱。

　　說完後，盤坐木盆中，順流而下。許多人都圍在岸上觀看，直到禪師的身影消失在茫茫的天際。

　　眾人剛想散去，就見性空禪師拔掉盆裡的木塞，用戽一邊舀水，一邊把木盆划到了岸邊。

　　弟子們急忙圍攏過去，發現木盆裡並沒有水。

　　性空禪師用戽一撥，再次乘流而下，口中唱道：

船子當年返故鄉，沒蹤跡處妙難量。
真風遍寄知音者，鐵笛橫吹作散場。

　　其笛聲嗚咽，頃於蒼茫間，只見老禪師一揮手，把鐵笛凌空一擲，沒於清波碧水裡。

　　三日後，僧眾發現禪師的肉身在沙灘上盤坐，道俗爭往恭迎遺體而歸。

　　五天後，火化遺體，煉出許多舍利，信士為他建塔於青龍山上供養。

　　性空禪師追慕船子，雖釣盡清波金鱗不遇，而公之慈風凜然在也。

去黏解縛

禪林用語，意指去除身上之黏縛；於禪林中，專指解去煩惱執著，以達自在無礙之境。《碧巖錄》三教老人序中言：「然是書之行，所關甚重。若見水即海，認指作月，不特大慧憂之，而圜悟又將為之去黏解縛矣！」凡夫見境執境，見體驗執體驗，見心執心，終當無有出期。

我往西方走

汝應將此妄想根元，心得開通，傳示將來末法之中諸修行者。令識虛妄，深厭自生。知有涅槃，不戀三界。

—《楞嚴經・卷十》

南宋名將岳飛生平最崇敬的高僧是道悅禪師，他曾任鎮江金山江天寺的住持。

岳飛被秦檜用十二道金牌從朱仙鎮招回時，途經金山江天寺。道悅禪師勸岳飛皈依佛門，不要回京師，以免被奸人所害。但是岳飛秉持耿耿忠心，明知此行不利，卻依舊堅持南歸。

臨行時，道悅禪師告訴他說：「歲底不足，謹防天哭；奉下兩點，將人害毒。將軍此行凶多吉少，一切還是小心為妙。」

岳飛當時並沒有完全理解禪師的話，直到被誣下獄，含冤遇害的時候，方才醒悟。

那年的十二月是小月，只有二十九天，當天晚上淅淅瀝瀝地下起雨來，聽到室外的雨聲，岳飛預知大難已經臨頭，這正好應了道悅禪師的偈語：「歲底不足，謹防天哭。」

「奉下兩點」是「秦」字，指的是奸相秦檜。「將人害毒」，果然就在這天晚上一代名將岳飛及其兒子岳雲、部將張憲在杭州大理寺風波亭內被殺害。岳飛被害前，在風波亭中寫下八個絕筆字：「天日昭昭，天日昭昭」。

秦檜害死岳飛後，查問劊子手說：「岳飛臨死前留下什麼話沒有？」

劊子手說：「他只留下一句話：悔不聽道悅禪師的勸告。」

秦檜聽後，立刻派遣親信何立帶兵前往金山江天寺捉拿道悅禪師。

在何立到達江天寺的前一天，道悅禪師聚眾說法，講法完畢，說了四句偈語：

何立自南來，我往西方走；
不是法力大，幾乎落他手。

說完，便坐化了。

僧眾不明究裡，一個個面露悲戚之色，心裡又有些莫名其妙。直到第二天何立率兵前來，大家才恍然大悟。

道悅禪師既然能夠預知岳飛的生死，當然也會知道自己的生死，但他為什麼不選擇逃避呢？其實生死都有定數，蓋因生死業力不可逃避。岳飛逃不過命裡註定的定業，道悅禪師也逃不過生死的業力。悟道高僧雖不免業報牽引，但禪者悟道之後，已無懼於生死，生固可喜，死亦無憾。

一鏃破三關

禪宗公案名，又稱欽山一鏃破三關。以一箭射破三道關門，比喻一念超越三大阿僧祇劫、一心貫徹三觀、一棒打殺三世諸佛，不經任何階段而直參本來面目者。

何須更問浮生事

知世如夢無所求，無所求心普空寂，還似夢中隨夢境，成就河沙夢功德。

—北宋·王安石《夢》

鳥窠道林禪師寓居杭州西湖喜鵲寺，他九歲出家，二十一歲在荊州果願寺受戒，隨後雲遊四海。一次途經孤山永福寺，巧遇韜光法師並拜在他的門下當侍者而悟道。後來獨自到秦望山，看見一棵松樹枝繁葉茂，藤盤蘿繞，整個樹冠如一頂巨蓋，於是選擇在這上面棲止修行，他的舉動就如同鳥兒在樹上築巢一樣，所以當時的人把他稱為「鳥窠禪師」。

在唐元和中年，大詩人白居易在這個地方作官，他對鳥窠禪師的道行仰慕已久，此時終於有機會進山拜訪禪師了。有一次他來到秦望山拜訪鳥窠禪師並用詩偈問道：

特入空門問苦空，敢將禪事問禪翁；
為當夢是浮生事，為復浮生是夢中？

鳥窠禪師也用詩偈回答道：

來時無跡去無蹤，去與來時事一同；
何須更問浮生事，只此浮生是夢中。

人生如夢如幻，變化無常，短暫易逝，誰能事先想好做什麼樣的夢，誰又

能在夢中變換夢境。但是如果能體悟到「無生」的道理，超越「去」、「來」的限制，生命就能在廣闊的空間裡不斷地擴展延伸，不生也不滅。

後來，白居易在佛法中找到安身立命之所，成了一個虔誠的佛教徒，遍訪名山高僧，又把他的住宅施捨給寺院，並命名為香山寺，自號為香山居士，從此醉心念佛，吟詩作偈，為了表達他信佛有得的心境，他作了一首詩：

愛風岩上攀松蓋，戀月潭邊坐石稜；
且共雲泉結緣境，他日當作此山僧。

詩中意境悠閒、飄遊，確實是沉浸在禪的世界之中。

白居易皈依鳥窠禪師，虔誠學佛，從他的詩中還表現出他來生出家為僧的意思。他不但參禪，而且認真修習淨土念佛，他有一首《念佛吟》說：「餘年近七十，不復事吟哦；看經費眼力，作福畏奔波。何以慰心眼？一句阿彌陀；朝也阿彌陀，晚也阿彌陀；縱饒忙似箭，不離阿彌陀。達人應笑我，多卻阿彌陀；達也作麼生，不達又如何？普勸法界眾，同唸阿彌陀。」

白居易由禪到淨，然後禪淨共修，他的生活更加豐富充實起來。

念佛禪

禪與念佛並行的行法，此種行法始於我國南北朝時代。達摩系禪者修念佛禪的，有五祖弘忍門下的法持、智詵、宣什等人，以及智詵系統的劍南派門徒處寂、無相、無住，和南嶽承遠等人。上述諸人所修的念佛禪，以觀想念佛為主，但無相則以引聲念佛教導學人。當時修念佛禪的人大都是注重禪定而念佛，所以他們的念佛也就成了修習禪定的法門了。

一路順風

道不用修，但莫污染。何為污染？但有生死心，造作趣向，皆是污染。若欲直會其道，平常心是道。何謂平常心？無造作，無是非，無取捨，無斷常，無凡無聖。經云：『非凡夫行，非賢聖行，是菩薩行。』

—唐·馬祖道

一天夜裡，洞山良价禪師在講堂聚眾說法卻沒有點燈。

能忍對洞山禪師說：「滿室漆黑一片，大師為什麼不點燈呢？」

洞山禪師聽後，立刻叫侍者把燈點燃，然後對能忍說：「你到我的面前來！」

能忍依言走上前來。

洞山禪師又對侍者說：「你去拿三斤燈油送給這位上座！」

話音剛落，能忍便一甩袖子走出了講堂。

經過一夜的參究，能忍若有所悟。他將自己全部的積蓄傾囊而出，舉辦齋會，供養大眾。

然後在洞山禪師的法席下過了三年的隨眾生活，三年後才向禪師辭行。

洞山禪師並沒有挽留，只是淡淡地說：「祝你一路順風！」

雪峰禪師恰好站在洞山禪師的身邊，看到能忍轉身離去的背影，嘆息著說道：「不知這位禪僧走了以後，多久才能回來？」

洞山禪師說：「他雖然知道自己可以走了，卻不知道自己什麼時候能夠回來。你如果不放心，可以去僧堂裡看看！」

雪峰來到僧堂，發現能忍早已坐在自己的坐墊上往生了，雪峰禪師急忙跑去報告洞山禪師。

洞山禪師說：「他雖然是往生了，但和我比起來，卻比我慢了三十年。」

能忍身處黑暗之中需要光明，這本來是人之常情；洞山禪師隨順輿情讓侍者點燈，這也是人之常情；可是洞山禪師讓侍者再拿三斤燈油送給能忍，意味可就有些非比尋常了。一方面，可以理解為洞山禪師有特別慈悲的心腸；另一方面也可以理解為這是洞山禪師在諷刺能忍貪求的心理。無論如何，禪僧能忍開悟了，施財設齋，捨去了心中的貪求。

能忍悟道之後，塵緣已盡，告辭滅渡時，洞山禪師並沒有顯出哀傷的表情，只是說了句：「祝你一路順風！」在這些得道高僧的眼中，生死如同回家一樣，法身理體原本就是沒有生死的。

食時五觀

指的是在東亞佛教的禪宗在用餐之前所要做的一種觀想。又稱之為：五觀文、食事五觀文、食事訓等。原文出自唐朝道宣大師的《四分律行事抄》。此五觀為：計功多少，量彼來處；忖己德行，全缺應供；防心離過，貪等為宗；正事良藥，為療形枯；為成道業，因受此食。

形可變，性不可變

性即是心，心即是佛，佛即是道，道即是禪，禪之一字，非凡聖所測。

—《血脈論》

唐武宗毀滅佛法時，岩頭禪師特意縫製了一套俗裝，準備在不得已的時候，用來應變。

不久，朝廷便頒佈聖旨下來，強行命令僧尼還俗，有聲望和地位的高僧還要面臨牢獄之災。

岩頭禪師為了躲避嚴刑酷法，就換上俗家人的裝束，戴個低沿帽子，悄悄躲進一個在家修行的師姑佛堂裡。

當時，師姑正在齋堂吃飯，岩頭禪師大搖大擺地走進廚房，拿起碗筷就要吃飯。道童見狀，急忙告訴師姑，師姑隨手拿起一根棒子，來到廚房，並

做出準備打人的姿勢。

岩頭禪師將帽子摘下，低聲說道：「妳難道不認識我嗎？」

師姑定睛一看，破顏一笑說道：「我還以為是哪裡來的強徒，原來是岩頭上座，你怎麼變形了？」

岩頭禪師不慌不忙，安然說道：「形可變，性不可變。」

後來，大彥禪師前去參訪岩頭禪師，看見他正在門前拔草。

大彥禪師戴著斗笠大搖大擺地走了過來，直直地站在岩頭禪師的面前，摘下斗笠，指著岩頭禪師說道：「你還記得我嗎？」

岩頭禪師連頭都沒有抬，隨手抓起一把草，向大彥禪師的臉上打了過去，一邊打一邊說：「白雲蒼狗，世事無常，誰還能記得你！」

大彥禪師不肯讓步，繼續說道：「世間無常，但法性永恆，怎能不認帳呢？」

岩頭禪師禪師一聽當場打了大彥禪師三拳，大彥禪師穩住身形剛想進僧堂，岩頭禪師禪師這時卻大吼一聲說道：「我們都已經寒暄完了，你還到僧堂裡做什麼？」

大彥禪師聽後，轉身便走。

第二天早餐的時候，大彥禪師又走進了僧堂，剛一進門，岩頭禪師禪師立刻從法座上跳下來，一把抓住大彥禪師的衣襟說道：「你快說，你快說，不變的前帳在哪裡？」

大彥禪師也一把抓住岩頭禪師肩膀，說道：「師姑家裡，形可變，性不可變！」

說罷，兩人哈哈大笑。

世間一切諸法，無論是成、住、壞、空，還是生、老、病、死，甚或是生、住、異、滅等諸多形相都是生滅變異的，而法性卻是永恆不變的。諸法本性，即是人的本來面目—「亙古今而不變，歷萬劫而常新。」

岩頭禪師在暴政壓迫、沒有信仰自由的情況下，換上俗裝，隱介藏形，如他所說，形相可變，心性不變。我們如果能體悟到自己不變的真心，那麼在生死五趣流轉中，本性一定是始終如一的。

參話頭

公案中大多是有一個字或一句話供學人參究之用，稱為「話頭」。例如問：「狗子還有佛性也無？」答：「無。」此「無」字即是話頭。參禪時，在公案的話頭下工夫，稱為參話頭。參話頭是禪宗最具代表性的法門，自北宋末年的大慧宗杲禪師大力提倡以來，幾乎成為禪宗的代名詞。

生乎？死乎？

投老歸來供奉班，塵埃無復見鍾山，何須更待黃梁熟，始覺人間是夢間。

—北宋·王安石《懷鍾山》

道吾禪師帶著弟子漸源到一個信徒家去誦經弔祭超渡。

漸源敲著棺木說：「請問師父，裡面的人是活著的，還是死去的？」

道吾看了看漸源，也敲著棺木說：「不說生，不說死！」

漸源不解地問：「為什麼不說？」

道吾拍了拍漸源的腦袋說：「你怎麼問個沒完沒了，不說就是不說！」

漸源不說話了，默默地在一旁生著悶氣。

回寺院的途中，漸源賭氣地說：「師父若不告訴我，我以後就不再去檀家誦經超渡了。」

道吾回過頭來，圓睜二目，氣得鬍子都翹了起來，大聲說道：「不去就不去，我就是不說！」

漸源的倔脾氣也發了，氣呼呼地揚長而去。

從此，漸源再也沒有去為人誦經超渡。

道吾禪師圓寂後，漸源到石霜禪師的道場參學。

一日，他以相同的話問石霜禪師。

石霜說：「不說生，不說死。」

漸源追問道：「為什麼不說？」

石霜大聲說：「不說就是不說！哪有那麼多話！」

漸源這時才在言下大悟，想起道吾禪師的一片苦心，不由得淚流滿面。

生死輪迴，這是事相上的話，人的本性，哪裡有生死？真如佛性都不許說，豈准更說生死輪迴？

人的身體殞滅，但是佛性長存。棺材裡的人，從有為法的體相上說，有生有死，若從無為法的自性說，就無生無死。

漸源修行因緣未熟時，問道吾禪師關於生死的問題，道吾禪師不說生也不論死，他不能深入瞭解；石霜禪師對同樣的問題給予了同樣的答案，也是不說生，不說死，雖然是同樣的話，但漸源卻領會了，可見他的修行是進步了。

調心

禪門氣功的一種修持方法，是指調整精神活動，使之趨向、達到集中、專一，進而符合練功的要求。《天台止觀》中將調心分為三步：入定、住定、出定。佛家特別強調對心性的修練，氣功功法也以禪修為代表。在對氣功流派進行比對時常有這樣的特點總結：「儒家執中，道家守中，佛家守空」，所以，「空」字集中體現了佛家功的特點。

白玉騰龍佛學院簡介

　　白玉騰龍悉地海洲位於四川省阿壩州境內的騰龍山納措嘎莫湖畔。騰龍山自古就列為佛教有名聖地，蓮花生大士遺言：雪域之東有神山，山峰神海鑲嵌，此地就是銅色吉祥山。佛陀在《無垢稱經》中親自授記：鄔金第二佛——蓮花生大士等許多大持明者加持，大慈大悲怙主觀世音菩薩所化剎土——藏地雪域康藏交界地帶，一個景色怡人、群山環抱、聖海蕩漾，名為法源聖地。此地是許多大成就者獲得殊勝悉地的聖處，近代就有多達二十五位修行者在此虹化。

　　80年代初活佛確真降措仁波切迎請了大持明貝馬嘎旺堪布到來騰龍講經傳法。並且建設了藏傳佛教寧瑪派騰龍夏周達爾基寺作為講課的法堂。這是佛學院的初形。隨著歲月風雪的洗禮，當初建設的簡陋經堂已經搖搖欲墜。1998年冬天，堪布土丹尼瑪仁波切在假期間從白玉祖庭到來騰龍。看到老少喇嘛們坐在破漏的舊經堂裡，在嚴寒中哆嗦，但依然精進的上課。如此情況，叫堪布心生悲憫。發願重建佛學院。

堪布的願望得到了當地政府和民眾的支援。政府並批出建寺土地30畝。從此後至今，堪布不惜以自己微薄的收入，少部分弟子的幫助和親戚朋友們的貸款所得的淨資購買建材，親自帶同寺廟的喇嘛用體力和簡便的工具，歷盡身心的艱苦。五年來建設了一間小經堂供臨時之需，平整了30畝的土地，修了一條5公里長可以通車的慈悲之路，為建設作了前行的準備。

　　法王晉美彭措如意寶得知其愛徒土丹尼瑪堪布的大願，於2003年病危之際，還親臨堪布家裡並賜於非常稀有的「發願文」。白玉祖庭住持活佛覺康土登巴絨仁波切也為心子的悲心所感動，為了能使佛學院的興建能夠得到順緣助力，於2002年不惜勞累親臨騰龍來主持為期14天的寶藏瓶法會，並為佛學院命名「騰龍悉地海洲佛學院」。

༄༅།། གསེར་ཐང་བླ་རུང་ལྗ་རིགས་ནང་བསྟན་སློབ་གླིང་།།

བསྟན་པའི་རྩ་ལག་བསྟན་འཛིན་སྐྱེས་བུ་ཕྱགས་མཆུན་ཁྲིམས་གཙང་ལུང་རྟོགས་འཛིན།།

རིམ་གཉིས་ལམ་གྱི་རྟོགས་གྲུབ་སྲིད་ཏིའི་དབང་མཚོ་སྐལ་བཟང་དཔལ་དུ་འཁྱིལ།།

འཁོར་ལོ་གསུམ་གྱི་དགེ་མཚན་གསར་བས་ཕྱུབ་བསྟན་ཆོས་ཀྱི་སྒྱིང་དགོན་འདི།།

བསྐལ་བའི་མཐར་ཡང་ཉམས་པ་མེད་པར་ཡུན་ནས་ཡུན་དུ་མཛེས་གྱུར་ཅིག།

ཅེས་པ་འདི་འཛིགས་མེད་ཕུན་ཆོགས་འབྱུང་གནས་ཀྱིས་ལྷག་བསམ་དག་པས་སྐྱོན་པ་

དེ་དེ་བཞིན་དུ་འགྲུབ་པར་རྒྱལ་བ་སྲས་བཅས་རྣམས་ཀྱི་མཐུན་

གྱུར་གནང་བར་མཛད་དུ་གསོལ།།

騰龍悉地海洲創建指導上師白玉土絨仁波切

國家圖書館出版品預行編目資料

關於禪的100個故事／活佛確真降措仁波切、堪布土丹尼瑪仁波切◎審訂.
－－第一版－－臺北市：宇河文化 出版；
紅螞蟻圖書發行，2008.9
面　　公分－－（ELITE：11）
ISBN 978-957-659-679-7（平裝）

224.515　　　　　　　　　　　　　　　97012316

ELITE 11

關於禪的100個故事

審　　訂／活佛確真降措仁波切、堪布土丹尼瑪仁波切
美術構成／Chris' office
校　　對／周英嬌、楊安妮、朱惠倩
發 行 人／賴秀珍
榮譽總監／張錦基
總 編 輯／何南輝
出　　版／宇河文化 出版有限公司
發　　行／紅螞蟻圖書有限公司
地　　址／台北市內湖區舊宗路二段121巷28號4F
網　　站／www.e-redant.com
郵撥帳號／1604621-1　紅螞蟻圖書有限公司
電　　話／(02)2795-3656（代表號）
傳　　真／(02)2795-4100
登 記 證／局版北市業字第1446號
法律顧問／許晏賓律師
印 刷 廠／卡樂彩色製版印刷有限公司
出版日期／2008年 9 月　第一版第一刷
　　　　　2012年 9 月　　　　第二刷

定價 300 元　　港幣 100 元

ISBN　978-957-659-679-7　　　　　　　Printed in Taiwan